elefante

 *elefante*

Conselho editorial
Bianca Oliveira
João Peres
Tadeu Breda

Edição
Tadeu Breda

Revisão
Luiza Brandino
Laura Massunari

Cartografia
Pablo Nepomuceno
Valdeir Cavalcante

Capa
Túlio Cerquize

Direção de arte
Bianca Oliveira

Assistência de arte
Sidney Schunck

LARISSA MIES BOMBARDI

AGROTÓXICOS

E
COLONIALISMO QUÍMICO

Algum mau-olhado fora atirado àquela comunidade; enfermidades misteriosas varreram os bandos de galinhas; as vacas e os carneiros adoeciam e morriam. Por toda parte se via uma sombra de morte. Os lavradores passaram a falar de muita doença em pessoas de suas famílias. Na cidade, os médicos se tinham sentido cada vez mais intrigados por novas espécies de doenças que apareciam nos seus pacientes. Registraram-se várias mortes súbitas e inexplicadas, não somente entre os adultos, mas também entre as crianças; adultos e crianças sentiam males repentinos, enquanto caminhavam ou brincavam, e morriam ao cabo de poucas horas.

Havia, ali, um estranho silêncio. Os pássaros, por exemplo — para onde é que tinham ido? Muita gente falava deles, confusa e inquieta. Os postos de alimentação, nos quintais, estavam desertos. Os poucos pássaros que por qualquer lado se vissem estavam moribundos; tremiam violentamente, e não podiam voar. Aquela era uma primavera sem vozes.

— Rachel Carson, *Primavera silenciosa*

INTRODUÇÃO 9

 AGROTÓXICOS E ASSIMETRIA NORTE-SUL 17

 CAPITALISMO E AGROTÓXICOS 43

 COLONIALISMO QUÍMICO 65

NOTAS 85

SOBRE A AUTORA 102

INTRODUÇÃO

Em 1962, Rachel Carson lançou nos Estados Unidos sua obra seminal, *Primavera silenciosa*, alertando para o impacto dos agrotóxicos sobre o meio ambiente e a saúde humana. O excerto citado como epígrafe deste livro remete a uma cidade fictícia, descrita no primeiro capítulo da obra.[1] A autora alerta, porém, que, muito embora não soubesse da existência de um único lugar que vivenciara simultaneamente todos esses males, conhecia, sim, inúmeras localidades que sofreram uma ou mais das mazelas descritas após terem sido palco do uso dessas substâncias.

Rachel Carson prenunciou o que hoje vemos se reproduzir de forma ampliada em muitas partes do mundo, particularmente em países como o Brasil e outros do Sul global que têm sido transformados em "máquinas" de produção de grãos, carne, cana-de-açúcar, celulose e outras commodities para o comércio internacional — "máquinas" cujo "combustível" são as sementes transgênicas, os fertilizantes químicos e os agrotóxicos. A conversão daquilo que outrora foram campos e florestas em monoculturas voltadas para a exportação — ou seja, a conversão de terra/

solo[2] em substrato para a produção de commodities — se dá em escala avançada: atualmente, apenas nos países-membros do Mercosul, há cultivo de soja em uma área maior que a França, como veremos adiante.

Rachel Carson, uma mulher à frente de seu tempo, sofreu diversas formas de intimidação acadêmica[3] e tentativas de desqualificação, não só porque sua pesquisa ia na contramão da nascente indústria de agroquímicos, mas também — e sobretudo — por ser mulher. Sua conduta, seu posicionamento e seu estado civil de solteira renderam a Carson o rótulo de "comunista", em uma clara tentativa de invalidar suas constatações científicas em tempos de Guerra Fria. Além disso, foi reiteradamente chamada de "histérica", palavra cuja etimologia ajuda a entender a perversidade das críticas contra a pesquisadora. *Hystera* significa "útero" em grego, e daí derivam as palavras "histeria" e "histérica": um suposto desequilíbrio "natural" — obviamente segundo uma ciência que se formou a partir da perspectiva masculina e ocidental — atribuído às mulheres, que se caracteriza pelo "descontrole das emoções".[4]

A natureza dos ataques sofridos por Carson não ficou no passado da luta contra o uso de agrotóxicos. As Mães de Ituzaingó — que em 2002 passaram a denunciar os efeitos perversos de inseticidas e herbicidas sobre a saúde dos moradores do bairro de Ituzaingó Anexo, na cidade de

Córdoba, Argentina — foram chamadas de as "loucas de Ituzaingó"[5] quando decidiram sair a público para mostrar que o modelo da soja transgênica, praticado na região,[6] era responsável pela ocorrência frequente, entre os moradores da vizinhança, de malformações fetais como lábio leporino, falta de mandíbula, ausência de polegar ou polidactilia, além de abortos espontâneos e câncer.[7]

Hoje, mais de sessenta anos depois do lançamento de *Primavera silenciosa*, o que vemos é a constatação do silêncio, não só de pássaros, insetos e outros animais, mas também de seres humanos, em função da contaminação causada por agrotóxicos. Esse silêncio não é apenas literal, é também político: além da complacência ou resignação de parte significativa da população, são inúmeras as tentativas de calar cientistas[8] e ativistas comprometidos com a denúncia dos efeitos nefastos dos agroquímicos e dos cultivos transgênicos, os quais se configuram cada vez mais como uma violência, além de silenciosa, química — e imprevisível, como já apontava Rachel Carson:

> Outra área quase que inexplorada é o problema das interações entre substâncias químicas — problema que se torna particularmente premente quando tais substâncias entram em meio ambiente marítimo, onde tantos e tantos minerais diferentes estão sujeitos a mistura e a transporte. Todas estas questões

requerem urgentemente respostas precisas, que somente a pesquisa intensiva e extensiva pode proporcionar; todavia, os fundos para semelhantes finalidades são de inspirar piedade, de tão reduzidos.[9]

Muitos anos depois do alerta de Carson, descobrimos, por exemplo, que existem ursos polares contaminados com agrotóxicos, mesmo vivendo a milhares de quilômetros das áreas agrícolas, justamente por causa da dispersão dessas substâncias pelos oceanos.[10] Apesar disso, grande parte das perguntas elaboradas pela autora permanece insuficientemente respondida, sobretudo no que diz respeito aos efeitos cumulativos ou de sinergia entre essas diferentes substâncias. E, ainda que já estejamos conscientes das consequências deletérias ocasionadas por esses produtos químicos — carcinogenicidade (câncer), teratogenia (malformação fetal), mutagênese (alterações genéticas), autismo, mal de Alzheimer etc.[11] —, suas vendas seguem crescendo anualmente sob a hipotética justificativa da importância dos agrotóxicos, em suas diferentes modalidades — inseticidas, herbicidas e fungicidas —, para a produção de alimentos e para o combate à fome no mundo.

A análise dos dados e dos fatos, porém, revela que, além de estarmos diante de uma severa contaminação ambiental e humana, a fome e a desnutrição, ao invés de diminuírem, aumentaram globalmente. Portanto, precisamos compreender com urgência que, no século XXI, produção agrícola deixou de ser sinônimo de produção de alimentos.

O capitalismo transformou a agricultura em uma imensa máquina de produção de commodities e agroenergia que tem submetido povos inteiros e seus territórios a uma grande miséria social e ecológica, em benefício de um processo crescente de concentração de terra, renda e poder nas mãos de empresas transnacionais, proprietários, especuladores e seus representantes nas câmaras legislativas e palácios de governo. Como veremos, embora alguns países, a exemplo dos membros da União Europeia, busquem blindar suas populações dos malefícios causados pelos princípios ativos que eles mesmos produzem e exportam, ninguém escapa. O mercado de agrotóxicos em ascensão movimenta cerca de 60 bilhões de dólares por ano, mesmo que, a cada ano, 1 milhão de pessoas[12] em todo o mundo se intoxiquem de forma involuntária por meio do contato com tais substâncias. Esse número é apenas a ponta do iceberg de um problema muito profundo que atinge o planeta e a sociedade de modo desigual: as nações do Sul global são as mais afetadas e, nelas, crianças, mulheres, povos indígenas, camponeses e trabalhadores rurais são os que mais sofrem.

As mulheres, especialmente, carregam o drama do silêncio e do choro dos parentes e dos filhos — dos filhos que não nascem, dos filhos que nascem com malformações, dos filhos que adoecem. Às mulheres, invariavelmente, é dada a silenciosa, dolorida e invisibilizada tarefa de cuidar deles. As mulheres têm carregado, portanto, não apenas no corpo como também em seu universo emocional e psíquico a carga de uma sociedade cuja organização econômica retirou o valor de uso do alimento, tornando-o mais uma mercadoria à venda no comércio internacional, da mesma forma que minérios, petróleo ou qualquer outra commodity. Por outro lado, também são as mulheres que, majoritariamente, assim como Rachel Carson, se nutrem de coragem para festejar o som dos pássaros, dos insetos, da vida que brota nas inúmeras experiências agroecológicas e de outras formas de agricultura livre de agrotóxicos.

A elas dedico este livro: às milhares de mulheres que carregam nas costas o grande drama desta sociedade, e que seguem lutando por mudança.

Espero que o trabalho realizado aqui seja uma ferramenta na transformação desta realidade injusta, desigual e machista, que adultera a todos nós.

Que a terra possa ser fecundada por meio da justiça. Que a agricultura volte a carregar o seu sentido etimológico. Que possamos celebrar a vida que é — física e arquetipicamente — gerada no corpo das fêmeas do planeta, que geram, que dão à luz, que amamentam, pois a própria vida está em risco em função do modelo químico-dependente imposto pelo agronegócio. Que possamos restituir ao alimento seu sentido de nutrição humana. E que façamos da centralidade da segurança e da soberania alimentar e nutricional um caminho para a construção da justiça social e ambiental.

Bruxelas, agosto de 2023
(No exílio que teve início durante os duros
anos do regime bolsonarista)

1 AGROTÓXICOS E ASSIMETRIA NORTE-SUL

O processo histórico do capitalismo mundializado permitiu que a agricultura se tornasse o substrato da reprodução capitalista de indústrias sediadas no Norte global. Essa reprodução capitalista se expressa, entre outras áreas, na fabricação e comercialização de agrotóxicos. Quando olhamos para as exportações mundiais de químicos agrícolas, verificamos uma enorme assimetria geopolítica, com os Estados Unidos, a União Europeia e, mais recentemente, a China no topo do ranking dos maiores produtores e exportadores de agrotóxicos. A União Europeia, com 13,6 bilhões de dólares vendidos ao exterior em 2020, e a China, com aproximadamente 8 bilhões de dólares comercializados no mesmo período, se destacam nesse cenário. Os Estados Unidos aparecem em terceiro lugar, com cerca de 4,5 bilhões de dólares.[13]

As vendas mundiais de agrotóxicos cresceram de forma significativa nos últimos anos. Se em 2017 foram comercializados internacionalmente em torno de 44 bilhões de

Exportações de agrotóxicos no mundo [2020]
Representação cartográfica e percentagem por país

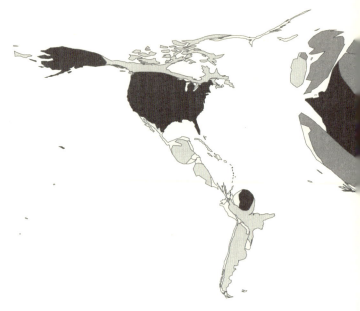

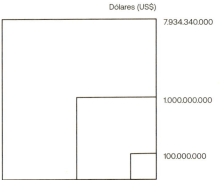

Dólares (US$)

7.934.340.000

1.000.000.000

100.000.000

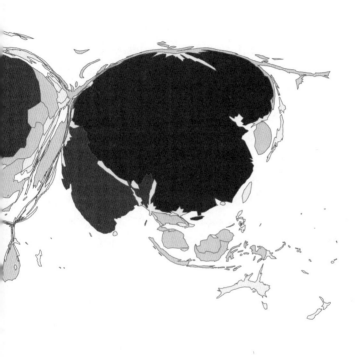

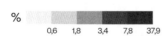

Fonte: Organização das Nações Unidas para a Alimentação e a Agricultura (FAO). Organização: Larissa Mies Bombardi; Elaboração: Pablo L. M. Nepomuceno e Valdeir S. Cavalcante Gonçalves. Jul. 2022. Cartograma: Scapetoad.

dólares, em 2020 esse montante subiu para 56 bilhões de dólares.[14] Paralelamente, o volume de vendas das doze maiores empresas produtoras de agrotóxicos cresceu 27% entre 2017 e 2020. A Syngenta — companhia suíça adquirida pela ChemChina em 2017 — desponta como a maior exportadora de agrotóxicos no período, passando de 9 bilhões de dólares em 2017 para mais de 11 bilhões em 2020. Em seguida, aparecem as alemãs Bayer e Basf e a estadunidense Corteva, que em 2020 arrecadaram, respectivamente, 10 bilhões, 7 bilhões e 6 bilhões de dólares em exportações. Essas quatro companhias, junto com a indiana UPL e a estadunidense FMC, detêm cerca de 80% do valor total da comercialização de agrotóxicos no planeta e venderam em 2020, juntas, mais de 43 bilhões de dólares desses produtos.

As mesmas empresas figuram ainda entre as maiores produtoras e exportadoras mundiais de sementes: Bayer, Corteva e Syngenta controlam mais de 80% desse mercado, arrecadando 8 bilhões, 7 bilhões e 2,6 bilhões de dólares em 2020, respectivamente. Organizando-se de forma oligopolista, portanto, as corporações provenientes da Europa, dos Estados Unidos e da China subordinam a agricultura em escala mundial em todas as suas fases: desde o preparo da terra para o plantio até a "pós-colheita".

Nesse contexto de notória assimetria entre o Norte e o Sul globais, a América Latina tem repetido e aprofundado a sina histórica e violenta instaurada pelos europeus durante a colonização, entre os séculos XVI e XIX. Nas palavras do economista equatoriano Alberto Acosta, os países do continente, "amaldiçoados pela abundância", tornaram-se "exportadores de natureza", assumindo um papel desfavorável na ordem econômica internacional.[15] Por isso, o pensador uruguaio Eduardo Galeano define a América Latina como uma região que "se especializou em perder".[16]

Seguindo essa lógica, os países latino-americanos, especialmente o Brasil e a Argentina, têm sido receptáculos de um volume colossal de agrotóxicos produzidos e comercializados por empresas do Norte. Apesar de os Estados Unidos e também a China serem relevantes destinatários de agrotóxicos — em 2021, consumiram, respectivamente, cerca de 257 mil e 244 mil toneladas —, o Brasil e a Argentina se destacam ainda mais, tendo consumido 719 mil e 457 mil toneladas de agrotóxicos no mesmo período.[17] E padecem, como veremos, de legislações mais frouxas quanto a uso e dosagem desses químicos.

A questão agrária é o pano de fundo para compreender por que o Brasil se tornou o maior consumidor mundial de agrotóxicos. A grande chaga da formação social e territorial brasileira é sem dúvida a centralidade que a proprieda-

Uso de agrotóxicos no mundo [2020]
Representação cartográfica em toneladas por país

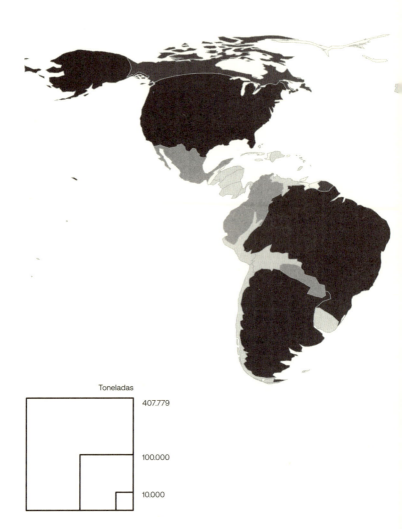

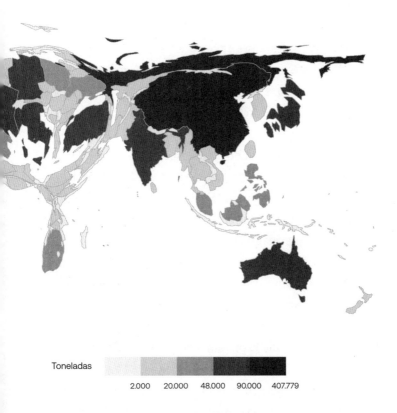

Toneladas					
	2.000	20.000	48.000	90.000	407.779

Fonte: Organização das Nações Unidas para a Alimentação e a Agricultura (FAO). Organização: Larissa Mies Bombardi; Elaboração: Pablo L. M. Nepomuceno & Valdeir S. Cavalcante Gonçalves. Jul. 2022. Cartograma: Scapetoad.

de privada da terra assumiu no país e o processo (marcadamente, a grilagem e a violência) que levou a essa enorme concentração fundiária — que, ademais, tem crescido década após década. Apenas 1% dos proprietários rurais (aqueles que possuem áreas maiores do que mil hectares) controlam praticamente 47,6% das terras agricultáveis do país.[18] Se somarmos as áreas destinadas à sojicultura no Brasil, no Paraguai, no Uruguai e na Argentina — ou seja, nos países agrícolas do Mercosul —, teremos um território maior do que a França somente com cultivos dessa oleaginosa, ou 557 mil quilômetros quadrados.[19]

Acrescente-se a isso o fato de que, no Brasil, mais de 90% da soja é transgênica.[20] Isso significa que abrigamos em nossas fronteiras uma área equivalente à Alemanha (358 mil quilômetros quadrados) dedicada ao cultivo de soja geneticamente modificada, sendo que 74,8% das sementes de soja transgênicas permitidas no Brasil são tolerantes a herbicidas.[21] No caso do milho, o cultivo transgênico alcançou 89% do total da safra 2018-2019, e 90% das variedades de milho transgênico aprovadas no Brasil suportam o uso de herbicidas.[22] Com relação ao algodão, 80% do cultivo brasileiro é transgênico, e 91,3% das espécies transgênicas liberadas no país são resistentes a herbicidas.[23] Não por acaso, soja, milho e algodão, juntos, são o destino de 80% dos agrotóxicos comercializados por aqui — os cultivos de soja, sozinhos, receberam 57% dos agrotóxicos vendidos no Brasil em 2021.[24] Praticamente 90% dos agrotóxicos em circulação no Brasil são aplicados em apenas cinco culturas: soja, milho, algodão, pasto e cana-de-açúcar.

A distribuição do uso de agrotóxicos por unidades da federação explicita a conexão direta entre uso de agrotóxicos e produção de commodities. O emprego de agrotóxicos no Brasil dobrou entre 2010 e 2021, saindo de cerca de 360 mil toneladas para 719 mil toneladas. Mato Grosso, Rondônia, Goiás e São Paulo são os estados com maior taxa de uso de agrotóxicos por hectare, seguidos por Mato Grosso do Sul, Paraná e Rio Grande do Sul. Em 2019, Mato Grosso consumiu cerca de 121 mil toneladas de ingredientes ativos de agrotóxicos; São Paulo, 92 mil toneladas; Goiás, 49 mil toneladas; e Mato Grosso do Sul, 38 mil toneladas. Em termos regionais, no que diz respeito à relação entre a média anual de uso de agrotóxicos (quilos) e a área agrícola (hectares), destaca-se a região Centro-Oeste, com 209 mil toneladas, seguida pela região Sul, com 150 mil toneladas. Mato Grosso, o estado que mais se destaca no consumo de agrotóxicos, responde por 28% da produção de soja e 31% da produção de milho[25] no Brasil. Na sequência, aparecem São Paulo (maior produtor de cana-de-açúcar),[26] Paraná (segundo maior produtor de grãos)[27] e Rio Grande do Sul (terceiro maior produtor de soja).[28]

A área destinada às commodities e à agroenergia continua crescendo, enquanto o espaço dedicado a culturas agrícolas consideradas pilares da alimentação brasileira — arroz, feijão e mandioca — se reduz ano a ano.

A área cultivada com mandioca diminuiu 38% nas três últimas décadas: de 1,975 milhão de hectares em 1990 para 1,213 milhão de hectares em 2019, com destaque para a redução observada no Nordeste. A área cultivada com feijão diminuiu 47%: de 5,034 milhões de hectares em 1990 para 2,769 milhões em 2019 — ou seja, perdeu-se quase metade das plantações de feijão no país, sobretudo nas regiões Centro-Oeste e Sul, onde esse cultivo mais foi reduzido (e onde, como veremos, a soja mais cresceu). A situação do arroz é ainda mais alarmante. Enquanto em 1990 as áreas de rizicultura se espalhavam pelo país, em 2019 os arrozais praticamente sumiram, sobretudo no Sudeste e no Nordeste — com exceção do Maranhão, onde, mesmo assim, houve redução significativa. Em termos gerais, o cultivo de arroz diminuiu 58% no Brasil nas três últimas décadas: de 4,158 milhões de hectares em 1990 para 1,727 milhão de hectares em 2019. É gritante a discrepância entre as áreas de plantio desses pilares da alimentação brasileira e as áreas cultivadas

Uso de pesticidas no Brasil
(Em toneladas por ano)

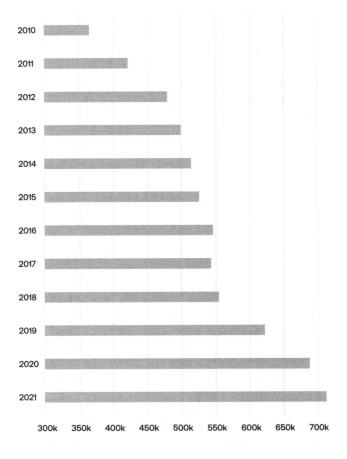

Fonte: Ibama, "Relatório de comercialização de agrotóxicos", disponível em: https://www.gov.br/ibama/pt-br/assuntos/quimicos-e-biologicos/agrotoxicos/relatorios-de-comercializacao-de-agrotoxicos.

com variedades destinadas ao mercado de commodities e agroenergia. Em 1990, soja, milho e cana-de-açúcar ocupavam, respectivamente, 11,5 milhões de hectares, 12 milhões de hectares e 4 milhões de hectares. Em 2019, a porção de terras destinada à soja ascendeu a cerca de 36 milhões de hectares; ao milho, a 18 milhões de hectares; e à cana-de açúcar, a 10 milhões de hectares. A área cultivada com eucalipto aumentou 99,6% nas últimas décadas, com cana-de-açúcar aumentou 152% e com soja, 210%. Em 2023, de acordo com as projeções da Companhia Brasileira de Abastecimento (Conab), a soja passou a ocupar 44 milhões de hectares e o milho, 22 milhões de hectares do território nacional.

A criação de bovinos também se expandiu muito no Brasil nesse período, sobretudo em direção à Amazônia, passando pelo Cerrado. A expansão da soja e do gado, muitas vezes, atua como um "binômio":[29] o pasto abre caminho por meio do desmatamento (além de outras formas de violência, como será apontado) e, na sequência, a soja ocupa o lugar do pasto.[30] Não é piada dizer que no Brasil temos mais bois do que seres humanos: em 2019, o Brasil tinha cerca de 215 milhões de cabeças de gado e, de acordo com o Censo divulgado pelo Instituto Brasileiro de Geografia e Estatística (IBGE) em 2023, a população brasileira é de 203 milhões de habitantes.

Como veremos, o crescimento da agricultura de commodities (capitalista), em conjunto com a supressão da agricultura de alimentos (camponesa), tem causado severos danos ambientais e à saúde e à alimentação humana. Esse aumento vertiginoso da produção de commodities vem impactando especial e severamente o Cerrado, que já teve 49% de sua área total desmatada, ou 110 milhões de hectares. Apenas entre 2010 e 2019, no Tocantins e na Bahia, foram devastados 31 mil quilômetros quadrados desse bioma, uma área superior ao território da Bélgica. O Cerrado é conhecido como a "caixa d'água do Brasil", pois abriga as nascentes de nove das doze bacias hidrográficas nacionais, como as dos rios São Francisco, Paraná, Araguaia e Parnaíba. A destruição tem ocorrido sobretudo devido ao avanço das monoculturas de soja e cana-de-açúcar. A expansão geográfica do cultivo da soja mais que triplicou nas três últimas décadas. É notável a intensificação da sojicultura na região Sul e o seu deslocamento em direção ao Centro-Oeste e, mais recentemente, às regiões Nordeste e Norte.[31]

A devastação da Amazônia (bioma que já perdeu 18% de sua área original) é notória e tem atraído cada vez mais a atenção internacional. Uma das características mais importantes — e atuais — da destruição da maior floresta tropical do mundo, porém, é a interiorização do desma-

Mandioca — Evolução da área plantada no Brasil
Microrregiões brasileiras [1990-2019]

1990

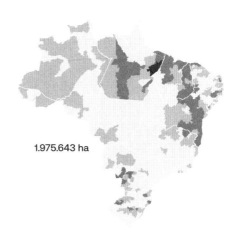

1.975.643 ha

2000

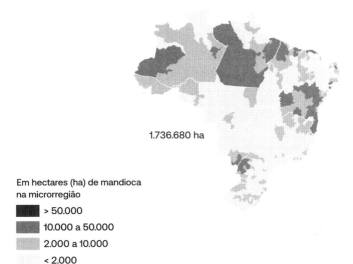

1.736.680 ha

Em hectares (ha) de mandioca na microrregião

- \> 50.000
- 10.000 a 50.000
- 2.000 a 10.000
- < 2.000

2010

2019

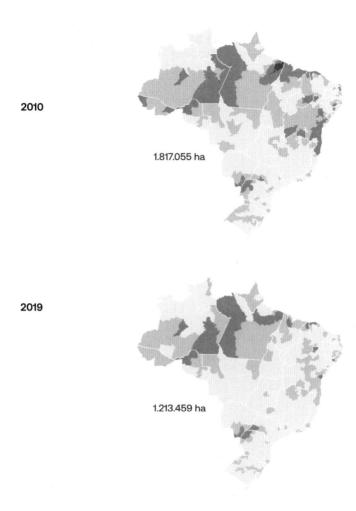

1.817.055 ha

1.213.459 ha

Fonte: IBGE [2020].
Elaboração: Larissa Mies Bombardi; Cartografia: Pablo Luiz Maia Nepomuceno, Thatyane Mônico Nascimento & Valdeir S. Cavalcante Gonçalves. Jul. 2021.

Feijão — Evolução da área plantada no Brasil
Microrregiões brasileiras [1990-2019]

1990

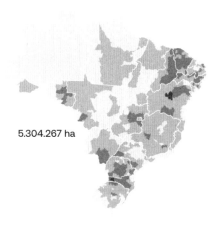

5.304.267 ha

2000

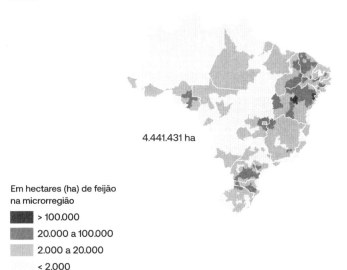

4.441.431 ha

Em hectares (ha) de feijão na microrregião

- > 100.000
- 20.000 a 100.000
- 2.000 a 20.000
- < 2.000

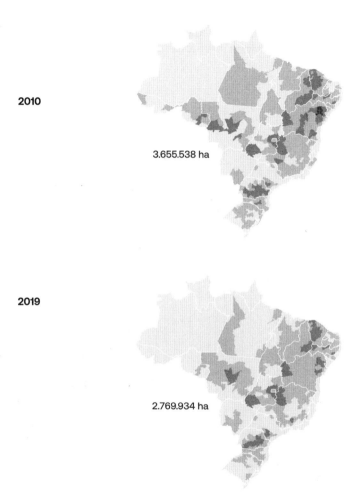

2010

3.655.538 ha

2019

2.769.934 ha

Fonte: IBGE [2020].
Elaboração: Larissa Mies Bombardi; Cartografia: Pablo Luiz Maia Nepomuceno, Thatyane Mônico Nascimento & Valdeir S. Cavalcante Gonçalves. Jul. 2021.

Arroz — Evolução da área plantada no Brasil
Microrregiões brasileiras [1990-2019]

1990

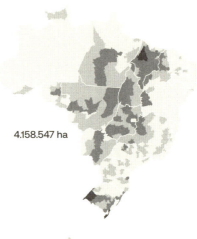

4.158.547 ha

2000

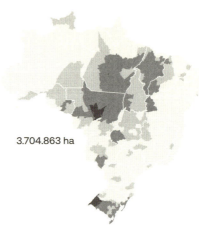

3.704.863 ha

Em hectares (ha) de arroz na microrregião
- > 100.000
- 20.000 a 100.000
- 5.000 a 20.000
- < 5.000

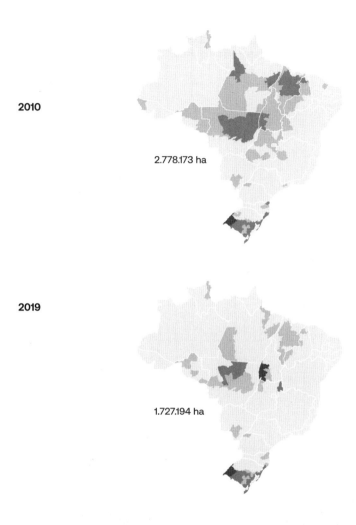

2010 — 2.778.173 ha

2019 — 1.727.194 ha

Fonte: IBGE [2020].
Elaboração: Larissa Mies Bombardi; Cartografia: Pablo Luiz Maia Nepomuceno, Thatyane Mônico Nascimento & Valdeir S. Cavalcante Gonçalves. Jul. 2021.

Soja — Evolução da área plantada no Brasil
Microrregiões brasileiras [1990-2019]

1990

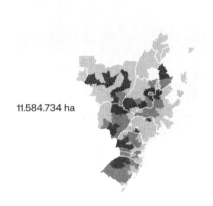

11.584.734 ha

2000

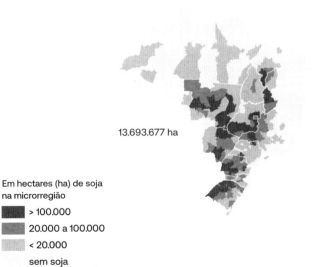

13.693.677 ha

Em hectares (ha) de soja
na microrregião

- > 100.000
- 20.000 a 100.000
- < 20.000
- sem soja

2010

23.339.094 ha

2019

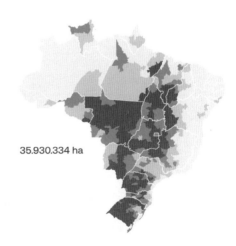

35.930.334 ha

Fonte: IBGE [2020].
Elaboração: Larissa Mies Bombardi; Cartografia: Pablo Luiz Maia Nepomuceno, Thatyane Mônico Nascimento & Valdeir S. Cavalcante Gonçalves. Jul. 2021.

Bovinos — Evolução do rebanho no Brasil
Microrregiões brasileiras [1990-2019]

1990

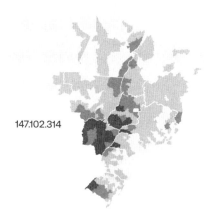

147.102.314

2000

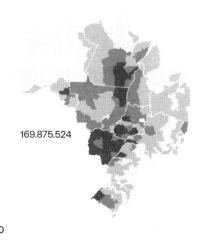

169.875.524

Rebanho de bovinos
na microrregião

- \> 1.500.000
- 750.000 a 1.500.000
- 200.000 a 750.000
- < 200.000

2010

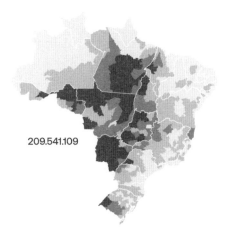

209.541.109

2019

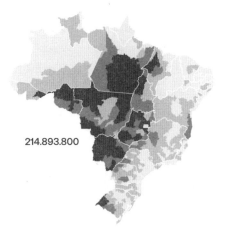

214.893.800

Fonte: IBGE [2020].
Elaboração: Larissa Mies Bombardi; Cartografia: Pablo Luiz Maia Nepomuceno, Thatyane Mônico Nascimento & Valdeir S. Cavalcante Gonçalves. Jul. 2021.

tamento. Apesar de as áreas de maior desflorestamento da Amazônia estarem localizadas em sua porção oriental, nota-se que os estados que apresentaram as taxas mais expressivas de desmatamento entre 2010 e 2019 são Acre, Roraima e Amapá, localizados na Amazônia interior, ou seja, estados não contíguos às outras regiões do país ou à fronteira agrícola em expansão — o que é, de fato, muito preocupante, pois indica um devastação "de dentro para fora".

A despeito do avanço do desmatamento e da ocupação das áreas florestais por cultivos de soja e criação de gado — e da contaminação química, como será discutido —, ao contrário do que se poderia supor, essa agropecuária altamente tecnicizada não tem respondido às necessidades da alimentação humana. A insegurança alimentar aumentou significativamente no Brasil nos últimos anos — e a fome, sua forma mais severa, mais do que dobrou entre 2013 e 2020.

Há quase oito décadas, Josué de Castro lançava *Geografia da fome*,[32] desnudando a raiz social dessa triste mazela e discutindo, inclusive, como o colonialismo e o neocolonialismo contribuíram para perpetuar a carestia em muitas partes do mundo. Contudo, seguimos debatendo a fome em um país que comemora "safras recordes"[33] por anos consecutivos e que está entre os maiores produtores agrícolas do mundo.[34] Ainda mais paradoxal, a fome na zona rural é maior do que na zona urbana: enquanto, em média, a fome severa atinge 9% da população brasileira, no campo esse índice é de 12%.[35]

Definitivamente, os dados escancaram o fato de que produção agrícola deixou de ser sinônimo de produção de alimentos na economia mundializada do século XXI.

A produção agropecuária que avança sobre o território nacional, recorrendo ao desmatamento e ao uso intensivo de agrotóxicos, ao fim e ao cabo não tem servido sequer para alimentar a própria população brasileira. Enquanto a área agrícola do Brasil cresceu 30% nos últimos dez anos, a fome aumentou mais de 100%. Isso significa que termos como "Revolução Verde", "agricultura de precisão" ou "agricultura 4.0"[36] dizem muito pouco ou quase nada a respeito da alimentação, mas muito sobre uma especificidade da economia internacional que, a partir da Segunda Guerra Mundial, subordinou globalmente a terra e a agricultura à indústria e aos bancos — ou seja, ao capital industrial e ao capital financeiro —, com a anuência e a mediação do Estado.

2 CAPITALISMO E AGROTÓXICOS

No capítulo de *O capital* intitulado "A assim chamada acumulação primitiva", Karl Marx desvelou o necessário conteúdo violento do processo de produção do capital e de consolidação da sociedade capitalista:

> No século XVIII, proibiu-se também a emigração dos gaélicos expulsos de suas terras, a fim de impeli-los violentamente para Glasgow e outras cidades fabris. Como exemplo dos métodos dominantes no século XIX, bastam aqui os "clareamentos" realizados por ordem da duquesa de Sutherland. Essa pessoa, instruída em matérias econômicas, decidiu, logo ao assumir o governo, aplicar um remédio econômico radical, transformando em pastagens de ovelhas o condado inteiro, cuja população já fora reduzida a 15 mil em consequência de processos de tipo semelhante. De 1814 até 1820, esses 15 mil habitantes, aproximadamente 3 mil famílias, foram sistematicamente expulsos e exterminados. Todos os seus vilarejos foram destruídos e incendiados; todos os seus campos, transformados em pastagens.

> Soldados britânicos foram incumbidos da execução dessa tarefa e entraram em choque com os nativos.[37]

Não é mera coincidência a descrição que Marx faz do processo de cercamento na Escócia nos séculos XVIII e XIX (que envolveu expulsão, expropriação e assassinato de camponeses nativos, além da supressão de lavouras para sua transformação em pasto) e o que vimos e vemos acontecer no campo brasileiro nos séculos XX e XXI.

Meses antes de ser assassinado em Xapuri, no Acre, Chico Mendes, a convite do professor Ariovaldo Umbelino de Oliveira, do Departamento de Geografia, proferiu uma palestra na Universidade de São Paulo em que denunciou o desmatamento da Amazônia em função da expansão da criação de gado, alertando para o fato de que essa expansão inviabilizava a permanência dos seringueiros e dos camponeses — e de seus modos de vida — na região. Chico Mendes também chamou a atenção para as ameaças de morte que ele próprio e outras lideranças sindicais vinham sofrendo:

> Eu pelo menos fui vítima até hoje, a partir de 1977, de seis atentados. Felizmente escapei de todos eles, por incrível que pareça. Recentemente eles atacaram um acampamento nosso, no dia 26 de maio [de 1988], e dois companheiros foram baleados, um

seringueiro recebeu sete balaços e outro companheiro, duas balas. Felizmente eles conseguiram sobreviver até hoje. A minha casa está sendo guarnecida por quatro seringueiros, onde dois permanecem até meia-noite e os outros dois até o amanhecer do dia. A sede do sindicato diariamente está sendo cercada por pistoleiros, hoje mesmo recebi notícias de Xapuri de que esta noite vários pistoleiros tentaram invadir a sede do sindicato.[38]

Como sabemos, as ameaças de morte se efetivaram, e Chico Mendes foi executado a mando de fazendeiros em 22 de dezembro de 1988, aos 44 anos. Recentemente, entre muitos outros assassinatos no campo, foram emblemáticas as mortes do jornalista britânico Dom Phillips e do indigenista Bruno Pereira, em Atalaia do Norte, no Amazonas, em 2022. Claudelice dos Santos, destacada liderança socioambiental paraense, segue ela própria ameaçada por cobrar justiça pela morte de seu irmão e cunhada (José Cláudio Ribeiro e Maria do Espírito Santo, internacionalmente conhecidos como Zé Cláudio e Maria) em 2011.[39]

Além de "campeão mundial" no uso de agrotóxicos, como já dissemos, o Brasil também ostenta o título de país com os maiores índices de violência no campo e lidera o ranking de assassinatos de defensores socioambientais, com 342 ocorrências entre 2012 e 2021.[40] Dos dez países que mais assassinaram defensores de direitos socioambientais no período, sete estão na América Latina: Brasil, Colômbia (322 casos), México (154), Honduras (117), Guatemala (80), Nicarágua (57) e Peru (51).

Voltemos a Marx, em "A assim chamada acumulação primitiva":

> Uma anciã morreu queimada na cabana que ela se recusara a abandonar. Desse modo, a duquesa se apropriou de 794 mil acres de terras que desde tempos imemoriais pertenciam ao clã [da anciã]. Aos nativos expulsos ela designou cerca de 6 mil acres de terras, 2 acres por família, na orla marítima. Até então, esses 6 mil acres haviam permanecido ermos, e seus proprietários não haviam obtido renda nenhuma com eles. Movida por seu nobre sentimento, a duquesa chegou ao ponto de arrendar o acre de terra por 2 xelins e 6 *pence* às pessoas do clã que por séculos haviam vertido seu sangue pela família Sutherland. Toda a terra roubada ao clã foi dividida em 29 grandes arrendamentos, destinados à criação de ovelhas; cada arrendamento era habitado por uma só família, em sua maioria servos ingleses de arrendatários. No ano de 1825, os 15 mil gaélicos já haviam sido substituídos por 131 mil ovelhas. A parte dos aborígines jogada na orla marítima procurou viver da pesca. Tornaram-se anfíbios, vivendo, como diz um escritor inglês, metade sobre a terra, metade na água e, no fim das contas, apenas metade em ambas.[41]

Estamos na terceira década do século XXI e vemos esse processo avançar, com os mesmos elementos denunciados por Chico Mendes na década de 1980 e, antes, por Karl Marx, há mais de 150 anos: agressões, ameaças, expulsões, expropriações, assassinatos. No Brasil, contudo, a violência contra indígenas e camponeses (ribeirinhos, seringueiros, quilombolas, caiçaras, sitiantes etc.), além das modalidades já conhecidas, tem assumido uma forma *sutil* e *silenciosa*, fruto do chamado *avanço tecnológico na agricultura*, como revela o depoimento de Socorro, uma camponesa da Chapada do Apodi, no sudeste do Ceará, ao relatar um dos eventos de pulverização aérea de agrotóxicos sobre sua comunidade, localizada na mesma região em que se instalaram cultivos de frutas para exportação, com uso intensivo dessas substâncias tóxicas:

> Quando o avião passava expurgando nossa comunidade, parecia que estava nevando. [...] Quatro horas da tarde, a gente olhava pra comunidade, via tudo branco. Nem a igreja a gente não via. Muitas galinhas faleceram, muitos animais faleceram. Eu digo isso porque eu tinha no meu quintal 120 galinhas, e 80 galinhas morreram numa tarde só, quando o avião passou expurgando. Isso aconteceu no quintal da minha casa. Por isso é que a gente fala contra os agrotóxicos. E a gente tem ainda o caso de doença.

> E aí eu lembro do companheiro Zé Maria, que ele dizia: "Daqui a dez anos talvez eu não esteja vivo, mas vocês vão estar pra ver o número de câncer em nossa população, o número de crianças que vai nascer com malformação". E a gente já tem um número altíssimo de casos de câncer em nossa comunidade. De janeiro até março [de 2018] nasceram quatro crianças com malformação.[42]

Marx falava em pessoas transformadas em *anfíbios*, expressão que, além do conteúdo moral e simbólico, ilustra uma *transformação corporal* em decorrência da condição de vida e trabalho imposta aos camponeses expulsos das terras altas na Escócia. Marx relatava, portanto, uma adulteração, uma *deformação física*, imposta ao organismo humano. Atualmente, estamos diante — eis a grande novidade desse novo tipo de violência — de *adulterações químicas* dos corpos. A tecnologia trazida pela chamada Revolução Verde, da qual trataremos adiante, tem se traduzido em formas de violências introduzidas quimicamente por agrotóxicos, em nível celular e molecular.

O depoimento de Socorro ilustra os efeitos da pulverização aérea de agrotóxicos diretamente nos animais, matando-os, e, de maneira mais difusa, nos seres humanos, causando malformação fetal e câncer. A correlação entre doenças e exposição aos agrotóxicos não é mera constatação empírica; está suficientemente retratada na literatura científica nacional.[43] Tais deformações, portanto, não são metafóricas, mas reais. Entre outros, destacam-se casos de puberdade precoce que, além de significar menstruação antecipada em meninas, referem-se a bebês com brotos mamários e pelos na região pubiana.[44]

Entre 2010 e 2019, o Ministério da Saúde registrou a intoxicação de 56.870 pessoas por agrotóxicos no Brasil. Como se sabe, nesses casos, estima-se uma subnotificação da ordem de 1 para 50: para cada ocorrência de intoxicação registrada pelas autoridades, há, possivelmente, 50 casos não notificados. Nesse período, portanto, podemos ter tido 2,843 milhões de pessoas intoxicadas por agrotóxicos no Brasil. Contudo, os dados oficiais, mesmo se considerarmos a subnotificação, já são suficientemente alarmantes: em média, 5.687 pessoas por ano — 473 pessoas por mês, ou 15 pessoas por dia — sofreram com os efeitos dos agrotóxicos no território nacional. A maior parte desses casos diz respeito a intoxicações agudas. Isso significa que os casos de câncer, malformação fetal, desregulação endócrina etc. relacionados à exposição a agrotóxicos são pouco considerados nas estatísticas governamentais.

A comparação entre os dados de 2010 e 2019 compilados pelo Ministério da Saúde mostra que o número da população intoxicada por agrotóxicos mais do que

Brasil — Aumento de intoxicações por agrotóxicos de uso agrícola
Unidades da Federação [2010 e 2019]

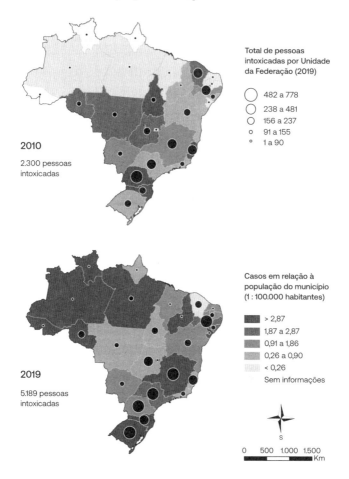

Fonte: IBGE [2013] e SINAN/DataSUS [2020].
Elaboração: Larissa Mies Bombardi; Cartografia: Pablo Luiz Maia Nepomuceno, Thatyane Mônico Nascimento & Valdeir S. Cavalcante Gonçalves. Jul. 2021.

dobrou no país. Se em 2010 tivemos 2.300 pessoas atingidas, em 2019 o número saltou para 5.189. Destaca-se também que os estados da região Norte (Rondônia, Acre, Amazonas, Pará e Roraima), ou seja, onde se localiza a maior parcela da Amazônia, foram aqueles onde houve proporcionalmente um número maior de pessoas intoxicadas em 2019.

O aumento no número de propriedades rurais que fazem uso de agrotóxicos tem uma dimensão espacial muito clara: há nitidamente um aumento do uso de agrotóxicos nas "bordas" da Amazônia, avançando a partir do chamado "arco do desmatamento". A intensificação do uso de agrotóxicos tem se deslocado espacialmente em direção à região Norte: Maranhão, Tocantins, Mato Grosso, Rondônia e Acre tiveram um aumento de pelo menos 10% no total de estabelecimentos rurais que utilizam agrotóxicos.

Estamos, portanto, diante de uma forma de *varredura* — ou, para usar a expressão de Marx, de *limpeza* — química do campo. Sobrepondo-se aos processos já conhecidos de violência social e ambiental que ocorriam de forma *física* (desmatamentos, incêndios, despejos, expulsões, assassinatos) e também *biológica* (dizimação de povos indígenas infectados com doenças trazidas pelos colonizadores, algo que continua acontecendo), agora há também, graças ao desenvolvimento tecnológico aplicado ao agronegócio, uma violência *química*.

Essa violência química tem sido possibilitada pela já citada Revolução Verde, termo que se popularizou sobretudo a partir dos anos de 1970. A expressão foi adotada durante a Guerra Fria para indicar a possibilidade de *revolucionar* as condições de vida da humanidade, superando o problema da fome por meio do uso intensivo de produtos químicos e de tecnologia na agricultura. A alusão ao "verde" teve, portanto, uma dupla conotação: a primeira delas, mais óbvia, estava relacionada à agricultura; a segunda aludia a uma alternativa à Revolução Vermelha (socialista) como solução para o fim da miséria.[45] O uso intensivo de tecnologia na agricultura, por outro lado, atendeu à demanda de empresas que produziam armas químicas durante a Segunda Guerra Mundial[46] e ao próprio movimento de reprodução do capital, que passou a se apropriar também da agricultura.

Na Idade Média, na Europa, berço do capitalismo, a propriedade fundiária era o principal mecanismo de coerção do trabalho. Ou seja, aqueles que detinham a terra garantiam que os camponeses trabalhassem para eles. Para viver, para cultivar, os camponeses submetiam-se aos proprietários. Contudo, a estruturação do capitalismo, tal como o conhecemos, em processo largamente discutido por Marx[47] — e também por E. P. Thompson,[48] por exemplo —, se deu por

Brasil — Uso de agrotóxicos
Aumento da quantidade de estabelecimentos
rurais que fazem uso de agrotóxicos
Unidades da Federação [2006-2017]

Aumento da quantidade de estabelecimentos
que fazem uso de agrotóxicos, entre os anos
de 2006 e 2017, em porcentagem, por UF

%
- \> 10,00
- 5,01 - 10,00
- 2,51 - 5,00
- 0,01 - 2,50
- < 0,00

Fonte: IBGE [2006 e 2017].
Elaboração: Larissa Mies Bombardi; Cartografia: Pablo Luiz Maia Nepomuceno, Thatyane
Mônico Nascimento & Valdeir S. Cavalcante Gonçalves. Jul. 2021.

meio da expulsão do campesinato. As terras camponesas (caso clássico da Escócia) foram sendo substituídas por pastagens para carneiros, cuja lã servia de matéria-prima para a indústria têxtil nascente. Assim, em uma nova forma de coerção laboral, os camponeses viram-se obrigados a vender sua força de trabalho. Como diria Marx,[49] os camponeses eram agora não apenas "livres", mas "livres de tudo", porque nada mais lhes restava. Esse processo não foi homogêneo, tampouco universal. Há uma longa discussão sobre o desenvolvimento do capitalismo, particularmente no que diz respeito ao campo e ao campesinato.[50]

O desenvolvimento do capitalismo se deu e se dá de forma desigual e contraditória. Ao mesmo tempo que o capitalismo se reproduz por meio da exploração do trabalho assalariado, que é a sua forma clássica, e que se disseminou pelo mundo todo, ele também coexiste com e necessita de relações sociais que não são baseadas no trabalho assalariado — caso do campesinato,[51] por exemplo. O campesinato é, portanto, uma classe social que se reproduz por meio do trabalho familiar e pela inexistência (ou existência pontual) do trabalho assalariado. Assim, enquanto a lógica da produção econômica capitalista é o lucro (a mais-valia, ou seja, o resultado da exploração do trabalho assalariado), a lógica da produção econômica camponesa é a sua própria manutenção:[52] a produção de mercadorias para obtenção de outras mercadorias, que não são produzidas na unidade familiar camponesa. Na verdade, muitas vezes os camponeses trabalham no limite da sobrevivência, entregando para a sociedade o fruto do seu trabalho e viabilizando, portanto, que a classe trabalhadora se reproduza despendendo menos recursos, o que, ao fim e ao cabo, permite a elevação dos lucros (já que os salários, nesse caso, não sofrem pressão para serem majorados).[53]

Para a lógica capitalista — a lógica de maximização do lucro —, seria inviável a disputa econômica com sujeitos (essa classe social específica que é o campesinato) que permanecem na terra produzindo mesmo após sucessivos prejuízos econômicos. A permanência do campesinato na terra, entretanto, extrapola a lógica intrínseca à produção econômica e está vinculada, também, a um conjunto de valores que estruturam seu modo de vida.[54] Entre esses valores, o trabalho familiar é central, assim como todos os elementos que estruturam a ética e a sociabilidade camponesa, pautadas em relações de reciprocidades.[55]

Por isso, historicamente houve grande dificuldade de entender os camponeses, que foram considerados "irracionais", já que, ano após ano, levam à frente suas unidades de produção familiar, seus sítios, suas parcelas de terra, mesmo em conjunturas econômicas bastante adversas. Não por acaso, a obra clássica de Teodor Shanin,[56] elementar para a compreensão da agricultura e do campesinato, se refere aos camponeses como "a classe incômoda". Não por acaso, também, em toda a discussão sobre os caminhos da agricultura — em uma possível superação do modo de produção capitalista —, o debate sobre o campesinato é fundamental.[57]

Portanto, para o avanço do capitalismo, a agricultura seguiu sendo uma barreira. E seguiu sendo uma barreira diante, especialmente, de três fatores: a própria existência do campesinato, a existência da propriedade privada da terra e, também, a especificidade da produção agrícola, essencialmente "amalgamada" com a natureza. Obviamente, o tempo cíclico da natureza impõe uma dificuldade de controle dos tempos de produção. Dessa forma, de maneira diferente do que acontece na indústria, em que é possível uma padronização quase absoluta das mercadorias e do processo de trabalho, na agricultura isso não ocorre, ou não ocorre com a mesma *precisão*.

Nesse sentido, não só se observa a permanência do campesinato como também uma especificidade do capital em apropriar-se da agricultura sem necessariamente estar envolvido de forma direta com a produção agrícola. Sobretudo após a Segunda Guerra Mundial, por meio do desenvolvimento e do "aperfeiçoamento" tanto de máquinas e equipamentos quanto de insumos químicos (fertilizantes e agroquímicos), as empresas desses setores encontraram formas de se propagar por meio da agricultura sem que estivessem — elas próprias — diretamente vinculadas à terra, à produção agrícola.

A isso se dá o nome de "monopolização do território",[58] ou seja, o capital se apropria da renda obtida pela agricultura (a renda da terra) sem participar da produção agrícola. Para que se inicie uma produção agrícola sob o modelo da "agricultura tecnológica", químico-dependente,[59] é necessário que o agricultor despenda uma parcela de seus recursos na aquisição de "insumos" (sementes, fertilizantes, agrotóxicos etc). Assim, pois, temos uma agricultura absolutamente subordinada à indústria.

A agricultura se subordina, portanto, ao capital industrial (indústrias de agroquímicos) e ao capital financeiro (uma vez que esse tipo de agricultura é amplamente financiado pelos bancos).[60] Além disso, subordina-se ao capital comercial, pois há majoritariamente um controle da venda da produção agrícola por empresas especializadas, como é o caso das grandes *tradings* de grãos. Nota-se então que, no desenvolvimento do capitalismo, a produção agrícola tem deixado de se configurar como produção de alimentos[61] e tem, ao contrário, se configurado em uma forma de substrato para a reprodução do capital.

Por isso, apesar do discurso da "necessidade dos agroquímicos" para alimentar a população do planeta, temos testemunhado o aumento da fome em escala global. A agricultura tem respondido muito pouco à saciedade humana, mas, contraditoriamente, tem priorizado a reprodução das indústrias de agroquímicos em escala acelerada. Basta dizer, como vimos, que a venda mundial de agrotóxicos cresceu 27% entre 2017 e 2020. Em outras palavras: o capital se apropria da renda proporcionada pelo cultivo da terra, controlando indiretamente a terra, ou seja, monopolizando o território. É o que torna possível que uma indústria de agroquímicos se mantenha sem cultivar sequer um único vegetal.[62]

As indústrias químicas, de biotecnologia, de maquinários e de sementes apropriam-se, portanto, de uma parcela do rendimento da agricultura. Nesse caso, tais indústrias não ficam diretamente sujeitas às variações cíclicas da natureza; reproduzem-se por meio da agricultura, mas não estão diretamente envolvidas nessa atividade. (Em uma produção camponesa agroecológica, por exemplo, isso não ocorre, já que sementes, mudas, insumos etc. são fruto do manejo dos próprios camponeses, seja em suas próprias unidades, seja nas inúmeras formas de troca de saberes e dádivas, típicas da sociabilidade camponesa.)

Devido a esse mecanismo de desenvolvimento do capitalismo, o campo no Brasil tem sido literalmente fumigado com agrotóxicos num movimento articulado pelo Estado brasileiro,[63] que permite a conjunção de interesses dos grandes proprietários rurais e das grandes indústrias transnacionais de agroquímicos e sementes. O avanço do capitalismo é, indubitavelmente, violento. Ao compararmos o momento descrito por Marx e o momento atual, vemos tempos históricos e espaços diferentes, mas a permanência da *expropriação* e da *violência* características ao movimento do capital.

A compreensão do desenvolvimento do capitalismo como um processo desigual e combinado — particularmente no que diz respeito à interpretação do campo e do campesinato — contou com a inestimável contribuição de Ariovaldo Umbelino de Oliveira[64] e José de Souza Martins,[65] os quais, por sua vez, se abeberaram de pensadores como Rosa Luxemburgo[66] e Teodor Shanin,[67] entre outros. O binômio *expropriação e violência* é, inclusive, o título de uma das obras de Martins.[68] Esses autores elaboraram a interpretação de que a essência do processo de desenvolvimento do capitalismo é temporal e espacialmente desigual. Há como que formas contemporâneas de *acumulação primitiva*. Entretanto, como a *acumulação primitiva* é um momento historicamente determinado, o que ocorre, segundo Oliveira e Martins, é um mecanismo de produção do capital contemporâneo ao seu processo de reprodução (que se dá de forma clássica, por meio do trabalho assalariado).

A permanência da produção do capital permite enxergar a conexão entre a varredura física dos campos na Escócia do século XIX e a varredura física e química dos campos no Brasil no século XXI. Em ambos os casos, essa varredura provocou e provoca conflitos ambientais e sociais que, ademais, não podem ser compreendidos senão em sua indissociabilidade. O processo de violência que tem feito essa *varredura* social e ambiental dos campos, seja na Europa há duzentos anos, seja na América Latina atualmente, isto é, um estado de conflito que *varre* o campo — neste caso o verbo "varrer" é bastante apropriado porque denota o deslocamento e, ao mesmo tempo, a *eliminação* de formas pré ou não capitalistas de relações sociais —, é que tem permitido a produção e reprodução do capital.

O capitalismo se desenvolve também — e essencialmente — por meio de sua expansão. Essa expansão ocorre com um deslocamento espacial em que, paulatinamente, a terra e a natureza são mercantilizadas por meio do processo de produção do capital (como no momento da acumulação primitiva, em que a violência é bastante nítida). O caso da América Latina, nesse sentido, é emblemático. Evidencia-

-se uma inserção subalterna do subcontinente na divisão internacional do trabalho pela utilização de agroquímicos produzidos por indústrias transnacionais que, em grande parte, têm sede na União Europeia, a qual, contraditoriamente, proíbe muitas dessas substâncias em seus territórios. Cerca de 30% dos agrotóxicos autorizados no Brasil estão banidos dentro das fronteiras do bloco.[69]

O avanço dos agrotóxicos no Brasil mostra claramente tanto a intensificação desse processo (em termos do aumento do uso de tais substâncias) quanto a sua expansão. Essa expansão, como demonstrado anteriormente, tem um conteúdo de deslocamento espacial extremamente claro — no caso do Brasil, em direção à Amazônia. É importante, portanto, para a compreensão dos conflitos sociais e ambientais, que possamos enxergar que há, ao mesmo tempo, um movimento de expansão e um movimento de concentração do capital.

Ao observarmos de que forma se dá o uso de agrotóxicos no Brasil, torna-se evidente o fenômeno de desenvolvimento do capitalismo — que é ao mesmo tempo de expansão e concentração, contraditório e desigual. Como já dissemos, tem havido nos últimos anos uma grande concentração das empresas produtoras de agrotóxicos e sementes, ou seja, uma oligopolização do setor.[70] Nota-se, assim, um duplo movimento: deslocamento e expansão espacial do capital no setor agroquímico por meio do uso de agrotóxicos e, por outro lado, concentração e intensificação do capital, tanto em aumento real do faturamento quanto no processo crescente de oligopolização do setor através de fusões e aquisições.

Voltemos a Marx:

> O roubo dos bens da Igreja, a alienação fraudulenta dos domínios estatais, o furto da propriedade comunal, a transformação usurpatória, realizada com inescrupuloso terrorismo, da propriedade feudal e clânica em propriedade privada moderna, foram outros tantos métodos idílicos da acumulação primitiva. Tais métodos conquistaram o campo para a agricultura capitalista, incorporaram o solo ao capital e criaram para a indústria urbana a oferta necessária de um proletariado inteiramente livre.[71]

Com o aumento desmesurado no uso de agrotóxicos, vemos os *métodos idílicos* da acumulação primitiva renovados, modernizados. Agora são também métodos *biotecnológicos* que adoecem os seres humanos e a natureza e que, em grande medida, estão na raiz dos conflitos que, além de socioambientais, são geográficos, pois só logramos compreender sua essência na medida em que consideramos tanto a sua dimensão espacial quanto a social — a da luta de classes propriamente dita.

3 COLONIALISMO QUÍMICO

A expressão *colonialismo químico* ajuda a desnudar "o que" e "em que" tem se desdobrado esse movimento do capital, quando indústrias sediadas em países centrais do sistema econômico internacional vendem agrotóxicos proibidos em seus próprios territórios para países do Sul global,[72] particularmente da América Latina. Além de ocasionar os já mencionados problemas socioambientais, essas substâncias muitas vezes têm sido usadas como "armas" em conflitos fundiários.

No Brasil, as regiões Centro-Oeste e Sul — que, frisemos, lideram a produção de soja e milho no país — ostentam o maior número de casos notificados de intoxicação de seres humanos por agrotóxicos por meio da pulverização aérea. Entre 2013 e 2021, mais de 160 episódios do tipo foram relatados no Centro-Oeste e quase cem, no Sul. Devido à dimensão dos cultivos, essas regiões detêm as maiores frotas de aeronaves agrícolas do Brasil: em 2019, quase seiscentas estavam em operação no Sul e cerca de mil no Centro-Oeste. Como exemplos, podemos citar o caso do município de Espigão do Alto Iguaçu, no Paraná, onde, em 2018, uma nuvem do herbicida paraquate intoxicou 96 pessoas, a maioria crianças que estavam em uma escola vizinha à plantação;[73] e o episódio em que, em um único dia, em 2021, 47 pessoas tiveram que receber atendimento hospitalar em Bela Vista de Goiás após terem sido intoxicadas por agrotóxicos em uma fazenda das redondezas.[74]

Vários são os casos de populações camponesas e indígenas atingidas — propositalmente ou não — por pulverização aérea de agrotóxicos,[75] com um total de 223 casos entre 2010 e 2019. Proporcionalmente, os indígenas são os que mais sofrem com os químicos agrícolas no Brasil, em flagrante descumprimento da Constituição de 1988 e da Convenção 169 da Organização Internacional do Trabalho (OIT), da qual o país é signatário. O problema atinge sobretudo os membros de etnias localizadas em Santa Catarina, Paraná e Mato Grosso do Sul, onde o Ministério da Saúde registrou, respectivamente, 52, 23 e 19 casos de intoxicação de indígenas entre 2010 e 2019.

A aspersão de agrotóxicos, como já dissemos, é apenas a mais nova modalidade da histórica violência contra as populações indígenas e camponesas no país. Apenas em 2022, foram 1.334 ocorrências de violência contra o patrimônio dos povos indígenas, o que inclui omissão na regularização de terras, conflitos relacionados a direitos sobre o território, invasões possessórias, exploração ilegal de recursos naturais e danos diversos. Entre 2019 e 2022, foram registrados 765 homicídios de indígenas; quase dois terços deles (65%) ocorridos em Roraima (208), no Amazonas (163) e no Mato Grosso do Sul (146), estados marcados por processos de avanço do agronegócio e esbulho de terras indígenas.[76]

Os conflitos fundiários são a marca da questão agrária do Brasil, onde o Estado, em todos os níveis e esferas, tem permitido que grandes proprietários de terra adquiram parcelas fundiárias de forma ilimitada e não raro ilícita, por meio de grilagem[77] e da expulsão de ocupantes tradicionais. Entre 2010 e 2022, a Comissão Pastoral da Terra (CPT) contabilizou 20.601 conflitos e 524 assassinatos no campo brasileiro, envolvendo 10,256 milhões de pessoas. A grilagem tem viabilizado, no Brasil, a superação da contradição inerente à relação entre capital e propriedade privada da terra. E, mais, tem permitido que a terra se converta em reserva de valor e/ou patrimonial.[78] Assim, com um gigantesco monopólio de classe sobre a terra,[79] tem sido possível que o Brasil transforme uma área igual à Alemanha em campos de soja, como vimos, e que grande parte dos latifúndios do país continuem improdutivos, servindo também como uma área de "reserva prometida" para a ampliação da produção agrícola.[80]

Nesse processo violento de "reatualização" da acumulação primitiva,[81] a grilagem e o trabalho análogo à escravidão convivem com a tecnificação da agricultura.[82] Entre 2003 e 2020, paralelamente à expansão dos cultivos de commodities e do desmatamento, o número de trabalhadores em situação análoga à escravidão libertados pelas autoridades cresceu em todas as regiões do país, com destaque, novamente, para as regiões Centro-Oeste e Norte, fronteiras do agronegócio — um paradoxo apenas aparente, que revela a lógica absolutamente contraditória[83] (e inerente) ao avanço do capitalismo no campo. A franja deletéria da devastação agrícola é precedida e levada a cabo pela devastação humana.

Portanto, o avanço da "moderna" agricultura capitalista no país é permeado por casos de violência contra indígenas, quilombolas,[84] camponeses e trabalhadores rurais, além de contaminação química dos povos, dos solos e das águas. O avanço da agricultura de commodities só interessa aos grandes proprietários rurais, às grandes *tradings* e às grandes corporações de agrotóxicos, que, ademais, estão majoritariamente sediadas nos países do Norte, sobretudo na União Europeia, cuja legislação para agrotóxicos é abissalmente mais restritiva que a brasileira. Aqui se expressa a faceta mais cruel do colonialismo químico.

Enquanto bebês no Brasil sofrem diretamente com a intoxicação por químicos agrícolas, a União Europeia protege a sua população (ao menos parcialmente) por meio de medidas mais restritivas. Uma delas se expressa no banimento de uma série de princípios ativos na Europa, onde 269 tipos de agrotóxicos estão proibidos.[85] Enquanto isso, no Brasil, na Argentina, no Uruguai e no Paraguai, os banimentos mal chegam a trinta substâncias. A palavra "colonialismo", portanto, não está sendo usada aqui como um conceito extemporâneo, e sim para descrever um movimento que, tal como no colonialismo clássico, tem permitido, através da violência, a reprodução do capitalismo "moderno" dos países do Norte, particularmente da União Europeia.

Apenas em 2018 e 2019, a União Europeia exportou para o Mercosul mais de 6,84 mil toneladas de agrotóxicos proibidos em seu território.[86] Em 2021, os 26 países do bloco exportaram para todo o planeta um volume de quase 2 milhões de toneladas de agrotóxicos (autorizados ou não), somando 14,42 bilhões de euros.[87] Alemanha e Bélgica, juntas, exportaram praticamente metade (47,6%) desse montante.[88] A Bélgica, por exemplo, exportou agrotóxicos para todos os continentes, com destaque para os países da própria União Europeia e, depois deles, principalmente para os países do Sul global, como Brasil, México, África do Sul, Turquia e Egito.

A Bélgica, seguindo as determinações da União Europeia[89] por meio da Regulação Europeia de Substâncias Químicas (Reach), que deve ser observada por todos os países-membros do bloco, não autoriza substâncias avaliadas como causadoras de câncer, de alterações hormonais e de problemas reprodutivos ou que possam provocar graves danos ambientais.[90] No entanto, parte dos agrotóxicos exportados pela Bélgica — isto é, os destinados ao Sul global — está banida na União Europeia,[91] justamente por se associar a um ou mais impactos negativos sobre a saúde. Entre 2013 e 2020, a Bélgica exportou para 70 países cerca de 50 mil toneladas de agrotóxicos proibidos na Europa, como acetocloro, amitraz, carbendazim, ferbam, flufenoxuron, 1,3-dicloropropeno, iprodiona, permetrina e zineb. Apenas em junho de 2023 — após muita pressão da sociedade civil organizada —, as leis belgas passaram a impedir a exportação de agrotóxicos não autorizados na União Europeia.[92] Em 2018, a França já havia tomado decisão semelhante.

Tais práticas revelam muito mais do que um *double standard* [padrão duplo]. Na verdade, a expressão é um eufemismo que esconde o colonialismo em sua forma

Brasil e União Europeia
Limite máximo de resíduos - LMR / água potável (mg/kg)

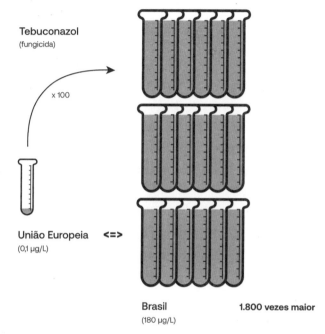

Tebuconazol
(fungicida)

x 100

União Europeia <=>
(0,1 μg/L)

Brasil
(180 μg/L)

1.800 vezes maior

TOXICIDADE
Ingrediente ativo: tebuconazol

AGUDA	CRÔNICA	AMBIENTAL

O tebuconazol é o vigésimo primeiro ingrediente ativo mais vendido no Brasil. As vendas em 2019 foram de 3.643 toneladas.

Fonte: Comissão Europeia [2020], Ibama [2020] e Universidade de Hertfordshire [Pesticide Properties DataBase]. Elaboração: Larissa Mies Bombardi; Cartografia: Pablo Luiz Maia Nepomuceno, Thatyane Mônico Nascimento & Valdeir S. Cavalcante Gonçalves. Jul. 2021.

mais inovadora — a química —, reeditando as tragédias humanas e ambientais que os povos da América Latina vivenciam há mais de cinco séculos.

O Brasil é um dos principais destinos de agrotóxicos proibidos na União Europeia.[93] Dos dez agrotóxicos mais vendidos no país, cinco estão banidos na Europa:[94] mancozebe, atrazina, acefato, clorotalonil e clorpirifós. Entre outros efeitos provocados pela atrazina, que é um herbicida, destacam-se: câncer de estômago, linfoma não Hodgkin, câncer de próstata, câncer de tireoide, câncer de ovário, mal de Parkinson, asma, respiração com ruído, infertilidade, baixa qualidade do sêmen, malformações congênitas e danos a células hepáticas. O inseticida acefato, por sua vez, é citotóxico e genotóxico sobre espermatozoides humanos e está associado a diabetes tipo 2, hiperglicemia, disfunção no metabolismo de lipídios, danos ao DNA e câncer.[95]

O uso de alguns desses agrotóxicos no Brasil cresceu de forma significativa entre 2010 e 2019, especialmente na Amazônia. A aplicação de atrazina na região Norte, onde se concentra a maior parte da Amazônia, cresceu nada menos do que 575% no período. É ilustrativo o caso do mancozebe, fungicida com alta toxicidade sobre peixes e animais aquáticos invertebrados,[96] cujo uso cresceu em todo o país, mas que, nos estados do Centro-Oeste

Brasil e União Europeia
Limite máximo de resíduos - LMR / água potável
(μg/kg)

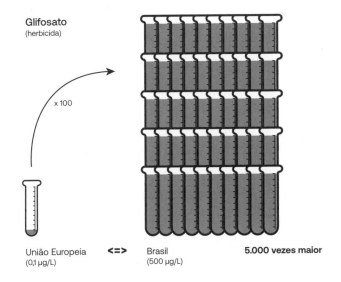

Glifosato
(herbicida)

x 100

União Europeia (0,1 μg/L) <=> Brasil (500 μg/L)   **5.000 vezes maior**

TOXICIDADE
Ingrediente ativo: glifosato

AGUDA	CRÔNICA	AMBIENTAL

O glifosato é o ingrediente ativo mais vendido no Brasil.
As vendas em 2019 foram de 217.592 toneladas.

Fonte: Comissão Europeia [2020], Ibama [2020] e Universidade de Hertfordshire [Pesticide Properties DataBase]. Elaboração: Larissa Mies Bombardi; Cartografia: Pablo Luiz Maia Nepomuceno, Thatyane Mônico Nascimento & Valdeir S. Cavalcante Gonçalves. Jul. 2021.

(majoritariamente do bioma do Cerrado, berço das bacias hidrográficas do país), teve um crescimento de 4.740% e, na região Norte, que congrega cerca de um quinto da água potável do planeta,[97] de 5.831%.

No Brasil, os limites de resíduos dessas substâncias nos alimentos e na água costumam ser dezenas, centenas e até milhares de vezes maiores do que aqueles permitidos na União Europeia. O tebuconazol, por exemplo, inseticida proibido na Europa, pode provocar alterações no sistema reprodutivo e malformação fetal.[98] Além de ser permitido no território brasileiro, o limite de resíduo tolerado de tebuconazol na água potável é 1.800 vezes maior do que o limite estabelecido na União Europeia. A substância é autorizada em muitos cultivos no país, entre os quais se destacam, com os respectivos limites de resíduos tolerados:[99] alface (3,5 mg/kg), arroz (6 mg/kg), brócolis (2 mg/kg), carambola (2 mg/kg), citros (5 mg/kg), couve (2 mg/kg), couve-flor (2 mg/kg), mamão (1 mg/kg), mostarda (3,5 mg/kg), repolho (2 mg/kg) e uva (2 mg/kg).

De acordo com a Agência Nacional de Vigilância Sanitária (Anvisa), o índice de "ingestão diária aceitável" do tebuconazol é de 0,03 mg/kg de peso corporal.[100] Isso significa que, "hipoteticamente", uma criança de 20 quilos "poderia ingerir" até 0,6 mg de tebuconazol em um dia.[101]

Brasil e União Europeia
Limite máximo de resíduos - LMR / clorotalonil (fungicida)
(mg/kg)

Alface

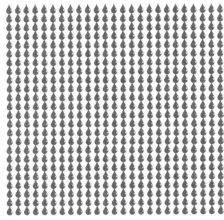

União Europeia **<=>** Brasil
(0,01 mg/kg)   (6 mg/kg)

600 vezes maior

TOXICIDADE
Ingrediente ativo: clorotalonil

AGUDA	CRÔNICA	AMBIENTAL

Uso não autorizado na União Europeia, de acordo com o Regulamento de Implementação da Comissão Europeia (UE) 2019/677 de 29 de abril de 2019. O clorotalonil é o sexto ingrediente ativo mais vendido no Brasil. As vendas em 2019 foram de 16.653 toneladas.

Fonte: Comissão Europeia [2020], Ibama [2020] e Universidade de Hertfordshire [Pesticide Properties DataBase]. Elaboração: Larissa Mies Bombardi; Cartografia: Pablo Luiz Maia Nepomuceno, Thatyane Mônico Nascimento & Valdeir S. Cavalcante Gonçalves. Jul. 2021.

Neste exercício hipotético, considerando que o limite máximo de resíduo dessa substância no arroz, por exemplo, é de 6 mg/kg, se uma criança de 20 quilos consumir apenas 100 gramas de arroz (um dos alicerces da alimentação nacional) com resíduo de tebuconazol dentro dos limites autorizados no Brasil, ela já teria atingido a quantidade tolerada para o seu peso corporal. Se essa mesma criança consumisse em um dia, além de 100 gramas de arroz, mais 100 gramas de laranja e 100 gramas de mamão com resíduos de tebuconazol, dentro dos limites autorizados no Brasil, ela já teria consumido o dobro do que o seu peso corporal poderia tolerar dessa substância (sem considerar a possível ingestão de resíduos de tebuconazol presentes em outros alimentos e também na água).

Podemos mencionar dezenas de outros exemplos, como a iprodiona, fungicida relacionado a desregulação endócrina e problemas reprodutivos,[102] além de ser considerado potencialmente carcinogênico para seres humanos, de acordo com a Agência de Proteção Ambiental dos Estados Unidos.[103] No Brasil, o resíduo para alface de outro fungicida, o clorotalonil, não autorizado na União Europeia, é 600 vezes maior do que o admitido pelos países do bloco. O glifosato, agrotóxico mais vendido no Brasil e bastante utilizado nos cultivos transgênicos, além de ser considerado possivelmente cancerígeno para seres

Brasil e União Europeia
Limite máximo de resíduos - LMR / iprodiona (fungicida)
(mg/kg)

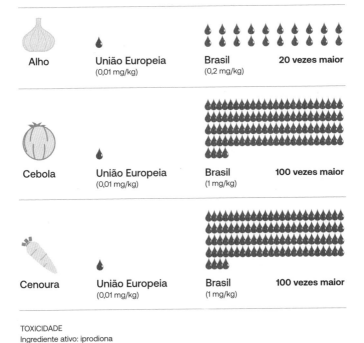

Alho	União Europeia (0,01 mg/kg)	Brasil (0,2 mg/kg)	20 vezes maior
Cebola	União Europeia (0,01 mg/kg)	Brasil (1 mg/kg)	100 vezes maior
Cenoura	União Europeia (0,01 mg/kg)	Brasil (1 mg/kg)	100 vezes maior

TOXICIDADE
Ingrediente ativo: iprodiona

AGUDA	CRÔNICA	AMBIENTAL

Uso não autorizado na União Europeia, de acordo com Regulamento de Execução da Comissão Europeia (UE) 2017/2091 de 14 de novembro de 2017. A iprodiona é o sexagésimo sétimo ingrediente ativo mais vendido no Brasil. As vendas em 2019 foram de 183 toneladas.

Fonte: Comissão Europeia [2020], Ibama [2020] e Universidade de Hertfordshire [Pesticide Properties DataBase]. Elaboração: Larissa Mies Bombardi; Cartografia: Pablo Luiz Maia Nepomuceno, Thatyane Mônico Nascimento & Valdeir S. Cavalcante Gonçalves. Jul. 2021.

humanos pela Organização Mundial da Saúde (OMS), por meio da Agência Internacional de Pesquisa do Câncer (Iarc),[104] está associado a sérios problemas neurológicos, especialmente na infância, e pode provocar desordens motoras e comportamentais.[105] No Brasil, o resíduo autorizado desse herbicida na água potável é cinco mil vezes maior do que na União Europeia. De acordo com um levantamento bibliográfico realizado por Sonia Hess,[106] o glifosato também pode provocar "linfoma não Hodgkin, infertilidade,[107] autismo,[108] problemas renais, danos às células embrionárias e da placenta, morte [celular] programada e necrose de células placentárias, umbilicais e embrionárias, desregulação endócrina em células hepáticas, proliferação de células de câncer de mama".[109]

Colonialismo químico e *colonialismo molecular* são, portanto, expressões-irmãs que descrevem de forma cabal o abismo que separa o Norte e o Sul globais. Esse abismo se revela nas assimetrias relacionadas às substâncias autorizadas, às diferenças de limites máximos de resíduos de agrotóxicos, às formas de aplicação dessas substâncias (pulverização aérea no Brasil e sua proibição na União Europeia) ou, ainda, às formas de violência química presentes nos conflitos fundiários em que agrotóxicos são usados como armas.

O que ocorre hoje, no Brasil, com respeito às intoxicações por agrotóxicos, pode ser considerado também como infanticídio, já que cerca de 18% da população intoxicada no país são crianças e adolescentes de 0 a 19 anos. Entre 2010 e 2019, 3.754 crianças brasileiras entre 0 e 14 anos foram contaminadas por agrotóxicos. Se considerarmos a média de 1 caso notificado para 50 não notificados, mais de 180 mil crianças de 0 a 14 anos podem ter sido intoxicadas com agrotóxicos no país durante o período mencionado. Entre essas crianças, 542 eram bebês de 0 a 12 meses de idade. Considerada a subnotificação, é possível que tenham sido mais de 21 mil bebês de até 12 meses intoxicados por agrotóxicos. Trata-se de uma violação sem precedentes da Convenção sobre os Direitos da Criança estabelecida pelas Nações Unidas. Na verdade, porém, as crianças brasileiras estão sendo atingidas pelos agrotóxicos antes mesmo do nascimento. Quase 300 gestantes foram intoxicadas por essas substâncias entre 2010 e 2019. Considerada a subnotificação, é possível que tenhamos tido cerca de 15 mil mulheres grávidas intoxicadas com agrotóxicos — um atentado à vida das crianças ainda no útero.

Embora em termos absolutos os homens sejam os mais intoxicados por agrotóxicos no Brasil, os casos de mulheres impactadas pela exposição aos químicos agrícolas se espalham pelo território nacional. Esse impacto afeta fisicamente seus corpos de diversas formas, pois são esses corpos que vivenciam abortos espontâneos, a gravidez com intercorrências, a gestação de crianças com malformação fetal. São as mulheres que lidam com as "deformações" e a "morte" no próprio organismo.

Contudo, essa é apenas a ponta do iceberg de um problema muito mais amplo e trágico, já que as consequências físicas são, obviamente, a parte mais externa de tudo o que essa tragédia significa. O imenso ônus emocional e psíquico dessas intoxicações recai desigualmente sobre mulheres, que historicamente têm arcado com o peso das tarefas de cuidado: cuidam dos filhos, dos parceiros, dos idosos e também delas mesmas, sem que esse trabalho extenuante seja reconhecido ou visibilizado.

Nisso se constitui o abismo, essa *geografia do abismo*, esse trágico momento-mundo, em que empresas sediadas no hemisfério Norte, com a falaciosa justificativa de alimentar o mundo, lucram com a produção e a venda de substâncias que afetam a população de forma absolutamente desigual: são os do Sul, os pretos, os indígenas, as mulheres os que mais sofrem. Não apenas o problema da fome persiste como, além de famintos, estamos envenenados, com nossos ecossistemas igualmente contaminados.

Felizmente, porém, experiências alvissareiras não faltam, e a maioria delas é protagonizada por mulheres.[110] Sob o lema "sem feminismo não há agroecologia", a Articulação Nacional de Agroecologia[111] mostra o quanto a "luta pela preservação da agrobiodiversidade no Brasil conta com muitas mulheres na linha de frente", trazendo em inúmeros documentos a riqueza e a diversidade das práticas agroecológicas protagonizadas por mulheres no país.

Como apresenta o Projeto GENgiBRe,[112]

> a agroecologia, enquanto prática, aplica princípios ecológicos, tais como o respeito aos ciclos naturais e o uso de recursos locais, ao manejo de agroecossistemas. As agricultoras e os agricultores que praticam agroecologia têm uma relação holística e sistêmica com a natureza, visando harmonizar o funcionamento do agroecossistema através de sua intervenção.

Inúmeras são as organizações e ações políticas feministas no Brasil que atuam na construção da agroecologia como caminho de autonomia econômica, social, racial, de gênero, ambiental etc.[113] A Marcha das Margaridas, por exemplo, é uma das expressões dessa enorme organização de mulheres que agrega diferentes entidades e movimentos sociais. O nome da marcha é uma homenagem a Margarida Alves, camponesa paraibana e liderança sindical assassinada em 1983, em um crime que segue impune. Segundo as mulheres que integram a Marcha das Margaridas, o movimento "tem sido um caminho coletivo de construção de um projeto de sociedade que propõe um Brasil sem violência, onde a democracia e a soberania popular sejam respeitadas, a partir de relações justas e igualitárias. Acreditamos que é possível construir novas relações sociais pautadas nos valores da ética, solidariedade, reciprocidade, justiça e respeito à natureza".[114]

A indissociabilidade entre mulheres e agroecologia também é um dos pilares do Movimento dos Trabalhadores Rurais Sem Terra (MST), que continua a ser um dos maiores movimentos sociais do mundo:[115]

> A agroecologia é pauta do MST, fundamental, pois ela é entendida e posicionada como parte da estratégia do desenvolvimento político e econômico, da família, da comunidade, da organização. Neste contexto, as mulheres, em sua determinação histórica em defesa da vida, têm as condições de pautar e de protagonizar essa construção, de colocar a agroecologia no centro da economia política e, assim, permitir que ela seja, de fato, uma ferramenta estratégica de enfrentamento ao agronegócio e a construção da contra-hegemonia.[116]

As mulheres, num movimento político e arquetípico,[117] têm conduzido muitas das mudanças necessárias na construção da segurança e da soberania alimentar[118] e, portanto, na construção da justiça social e ambiental.

Em contraposição à *geografia do abismo*, as mulheres estão construindo uma *geografia do caminho*, rumo à justiça em seu amplo espectro, contra o aquecimento global e o genocídio químico que nos atinge desigualmente. Por meio da agroecologia, constroem outro pacto de civilidade, em que o alimento tem lugar central e em que é resgatado o seu valor de uso: o da alimentação humana.

Em seu caminhar, suas lutas, suas marchas — e também em suas vidas cotidianas —, elas têm demonstrado a pertinência da obra de Rachel Carson e a capacidade visionária da cientista estadunidense. Também têm mostrado ao mundo que a construção da justiça social, de gênero, racial, ambiental e climática passa pelo rompimento com o patriarcado e com uma agricultura baseada no princípio arquetípico masculino exacerbado: o da reprodutibilidade ilimitada. Trazem, portanto, a agroecologia, a agricultura indígena e camponesa e a reforma agrária como caminho para outro tipo de sociabilidade, de agricultura e de justiça ambiental e social.

NOTAS

1. Rachel Carson, *Primavera silenciosa*. São Paulo: Melhoramentos, 1969.
2. Larissa Mies Bombardi, *A Geography of Agrotoxins Use in Brazil and its Relations to the European Union*. São Paulo: Faculdade de Filosofia, Letras e Ciências Humanas, 2019.
3. Mark Stoll, "The Personal Attacks on Rachel Carson as a Woman Scientist", *Environment & Society*, s.d. Disponível em: https://www.environmentandsociety.org/exhibitions/rachel-carsons-silent-spring/personal-attacks-rachel-carson-woman-scientist.
4. Agradeço imensamente à minha grande amiga e psicóloga Carol Bueno por ter me trazido à luz esse tema. Para mais, ver Ana Carolina Gomes Bueno, *Uma conversa sobre família: quebrando os elos que nos mantêm aprisionadas ao fascismo*. São Paulo: Edição da autora, 2022.
5. V. Virga & M. Giannoncelli, "Women and Socio-Environmental Conflicts: An Approach to the Struggle of Madres de Ituzaingó Anexo from an Ecofeminist Perspective", *Estudios*, v. 48, p. 13-33, 2022.
6. Amalia Leguizamón, *Sementes de poder: injustiça ambiental e soja geneticamente modificada na Argentina*. São Paulo: Elefante, 2023, p. 194-201.
7. "Fighting against Glyphosate on Argentina's Soybean Fields: the Mothers of Ituzaingó", *Agriculture at a Crossroads*, s.d.

Disponível em: https://www.globalagriculture.org/flagship-projects/the-mothers-of-ituzaingo.html.

8 Ver "Ensser Events of 2023", The European Network of Scientists for Social and Environmental Responsibility (Ensser). Disponível em: https://ensser.org/category/events/events_2023/.

9 Rachel Carson, *Primavera silenciosa*. São Paulo: Melhoramentos, 1969, p. 161.

10 Heli Routti et al., "State of Knowledge on Current Exposure, Fate and Potential Health Effects of Contaminants in Polar Bears from the Circumpolar Arctic", *Science of The Total Environment*, v. 664, p. 1063-83, maio 2019.

11 Ver, entre outros: Fulvio Scorza, Larissa Beltramim & Larissa Bombardi, "Pesticide Exposure and Human Health: Toxic Legacy", *Clinics*, v. 78, jan.-dez. 2023; Larissa Bombardi et al., "Pesticides and Epilepsy: An Unexpected Link", *Epilepsy & Behavior*, v. 145, ago. 2023; Michael C. R. Alavanja, Matthew K. Ross & Matthew R. Bonner, "Increased Cancer Burden among Pesticide Applicators and Others Due to Pesticide Exposure", *Cancer Journal for Clinicians*, v. 63, n. 2, p. 120-42, 2013; Aaron Blair et al., "Reliability of Reporting on Life-Style and Agricultural Factors by a Sample of Participants in the Agricultural Health Study from Iowa", *Epidemiology*, v. 13, n. 1, p. 94-9, jan. 2002; Stella Koutros *et al*. "Heterocyclic Aromatic Amine Pesticide Use and Human Cancer Risk: Results from the U. S. Agricultural Health Study", *International Journal of Cancer*, v. 124, n. 5, p. 1.206-12, 2009; Gabriela Andreotti et al., "Agricultural Pesticide Use and Pancreatic Cancer Risk in the Agricultural Health Study Cohort", *International Journal of Cancer*, v. 124, n. 10, p. 2.495-500, 2009; Janie F. Shelton, Irva Hertz-Pic-

ciotto & Isaac N. Pessah, "Tipping the Balance of Autism Risk: Potential Mechanisms Linking Pesticides and Autism", *Environmental Health Perspectives*, v. 120, n. 7, p. 944-51, 2012; Janie F. Shelton *et al.*, "Neurodevelopmental Disorders and Prenatal Residential Proximity to Agricultural Pesticides: The CHARGE Study", *Environmental Health Perspectives*, v. 122, n. 10, p. 1.103-9, 2014; Andrea L. Roberts *et al.*, "Perinatal Air Pollutant Exposures and Autism Spectrum Disorder in the Children of Nurses' Health Study II Participants", *Environmental Health Perspectives*, v. 121, n. 8, p. 978-84, 2013; Ondine S. von Ehrenstein *et al.*, "*In Utero* and Early-Life Exposure to Ambient Pesticides and Autism Spectrum Disorder in Children: Population-Based Case-Control Study in California, USA", *Environmental Health Perspectives*, v. 124, n. 7, 2016; Robert B. Gunier *et al.*, "Prenatal Residential Proximity to Agricultural Pesticide Use and IQ in 7-Year--Old Children", *Environmental Health Perspectives*, v. 125, n. 5, 2017; Stephanie M. Engel *et al.*, "Prenatal Exposure to Organophosphates, Paraoxonase 1, and Cognitive Development in Childhood", *Environmental Health Perspectives*, v. 119, n. 8, p. 1.182-8, 2011; Beatriz González-Alzaga *et al.*, "A Systematic Review of Neurodevelopmental Effects of Prenatal and Postnatal Organophosphate Pesticide Exposure", *Toxicology Letters*, v. 230, n. 2, p. 104-21, 2014; Anumeet Priyadarshi *et al.*, "A Meta-Analysis of Parkinson's Disease and Exposure to Pesticides", *Neurotoxicology*, v. 21, n. 4, p. 435-40, 2000; Anumeet Priyadarshi *et al.*, "Environmental Risk Factors and Parkinson's Disease: A Meta-Analysis", *Environmental Research*, v. 86, n. 2, p. 122-7, 2001; Caroline M. Tanner *et al.*, "Rotenone, Paraquat, and Parkinson's Disease", *Environmental Health Perspectives*, v. 119, n. 6, p. 866-72, 2011; Sadie Costello *et al.*, "Parkinson's Disease and Residential Exposure to Maneb and Paraquat from Agricultural Applications in the Central Valley of California", *American Journal of Epidemiology*, v. 169, n. 8, p. 919-26, 2009; Samuel M. Goldman *et al.*, "Genetic Modification of the Association of Paraquat and Parkinson's Disease", *Movement Disorders*, v. 27, n. 13, p. 1.652-8, nov. 2012.

12 Wolfgang Boedeker *et al.*, "The Global Distribution of Acute Unintentional Pesticide Poisoning: Estimations Based on a Systematic Review", bmc *Public Health*, v. 20, n. 1.875, 2020.

13 Trade Statistics for International Business Development (Trade Map), disponível em: https://www.trademap.org/Index.aspx.

14 "2022 Overview of Globally Registered, Launched Pesticides and Analysis of High-Value and High-Potential Product Varieties", *AgNews*, 16 mar. 2023.

15 Alberto Acosta, *La maldición de la abundancia*. Quito: Abya Yala, 2009.

16 Eduardo Galeano, *As veias abertas da América Latina*. Porto Alegre: l&pm, 2010.

17 "Pesticides Use", Organização das Nações Unidas para a Alimentação e a Agricultura, s.d. Disponível em: https://www.fao.org/faostat/en/#data/RP.

18 "Estrutura fundiária". *In*: ibge, *Atlas do espaço rural brasileiro*, 2. ed. Rio de Janeiro: ibge, 2020. Disponível em: https://www.ibge.gov.br/apps/atlasrural/pdfs/02_00_Texto.pdf.

19 *World Food and Agriculture: Statistical Yearbook 2022*. Roma: fao, 2022.

20 "Desmistificando a soja transgênica", CropLife Brasil, s.d. Disponível em: https://croplifebrasil.org/conceitos/desmistificando-a-soja-transgenica/.

21 *Idem.*
22 "Milho transgênico: o que é mito e o que é verdade?", CropLife Brasil, s.d. Disponível em: https://croplifebrasil.org/conceitos/desmistificando-o-milho-transgenico/.
23 "Desmistificando o algodão transgênico", CropLife Brasil, s.d. Disponível em: https://croplifebrasil.org/conceitos/desmistificando-o-algodao-transgenico/.
24 "Mercado total de defensivos agrícolas por produto aplicado", SindVeg, s.d. Disponível em: https://sindiveg.org.br/mercado-total/.
25 "Mato Grosso segue como maior produtor de grãos do país", *GC Notícias*, 12 ago. 2019.
26 "Produção de cana-de-açúcar", IBGE, 2021. Disponível em: https://www.ibge.gov.br/explica/producao-agropecuaria/cana-de-acucar/br.
27 "Mato Grosso segue como maior produtor de grãos do país", *GC Notícias*, 12 ago. 2019.
28 "Agropecuária brasileira em números", Ministério da Agricultura, Pecuária e Abastecimento, 19 maio 2022. Disponível em: https://www.gov.br/agricultura/pt-br/assuntos/politica-agricola/todas-publicacoes-de-politica-agricola/agropecuaria-brasileira-em-numeros/abn-05-2022.pdf; "Quatro estados concentram quase 70% da produção de grãos do país", *CNA Notícias*, 19 maio 2017.
29 Mariana Soares Domingues & Célio Bermann, "O arco de desflorestamento na Amazônia: da pecuária à soja", *Ambiente & Sociedade*, v. 15, n. 2, 2012; Elizabeth Barona *et al.*, "The Role of Pasture and Soybean in Deforestation of the Brazilian Amazon", *Environmental Research Letters*, v. 5, n. 2, 2010; "O papel de gado e soja no ciclo de desmatamento", *Deutsche Welle Brasil*, 24 abr. 2020.

30 "Massacres no Campo", Comissão Pastoral da Terra, s.d. Disponível em: https://www.cptnacional.org.br/publicacoes/noticias/conflitos-no-campo.

31 "Cercados pelo agronegócio, agricultores familiares e indígenas sofrem com insegurança alimentar no Cerrado", *O Joio e o Trigo*, 27 out. 2022.

32 Josué de Castro, *Geografia da fome: o dilema brasileiro: pão ou aço*. São Paulo: Todavia, 2022.

33 "Estimativa de maio prevê safra recorde de 305,4 milhões de toneladas em 2023", *Agência IBGE Notícias*, 13 jun. 2023.

34 "4 Countries That Produce the Most Food", *Investopedia*, 30 abr. 2023; *Agricultural production statistics 2000-2021*, FAOSTAT Analytical Brief, n. 60. Roma: FAO, 2022.

35 Rede Penssan, "Inquérito Nacional sobre Insegurança Alimentar no Contexto da Pandemia da Covid-19 no Brasil", 2021.

36 Larissa Mies Bombardi, *A agricultura 4.0 no Brasil: alta tecnologia na agricultura não é sinônimo de alimentos para a população brasileira*. Rio de Janeiro: Fundação Heinrich Böll, 2022.

37 Karl Marx, *O capital: crítica da economia política*, livro 1, *O processo de produção do capital*. Trad. Rubens Enderle. São Paulo: Boitempo, 2013, p. 801-2.

38 Chico Mendes, "A Luta dos Povos da Floresta", *Terra Livre*, n. 7, p. 12, 1990.

39 Larissa Mies Bombardi & Victor Porto Almeida, "Amazon under Siege: An Interview with Environmental and Human Rights Defender Claudelice dos Santos", *Criminological Encounters*, v. 5, n. 1, 2022.

40 "Decade of Defiance: Ten Years of Reporting Land and Environmental Activism Worldwide", Global Witness, 29 set. 2022.

41 Karl Marx, *O capital: crítica da economia política*, livro 1, *O processo de produção do capital*. Trad. Rubens Enderle. São Paulo: Boitempo, 2013, p. 802.

42 Bernadete Maria Coelho de Freitas & Larissa Mies Bombardi, "A política nacional de irrigação e o uso de agrotóxicos no Brasil: contaminação e intoxicações no Ceará", *Geographia*, v. 20, n. 43, 2018.

43 Ver Larissa Mies Bombardi, *A Geography of Agrotoxins Use in Brazil and its Relations to the European Union*. São Paulo: Faculdade de Filosofia, Letras e Ciências Humanas, 2019; Isadora Marques Barbosa *et al.*, "Cancer among Children and Adolescents: Relationship with the Poles of Agricultural Irrigation in the State of Ceará, Brazil", *Ciência & Saúde Coletiva*, v. 24, n. 4, p. 1.563-70, 2019; Wanderlei Antonio Pignati, Jorge M. H. Machado & James F. Cabral, "Acidente rural ampliado: o caso das 'chuvas' de agrotóxicos sobre a cidade de Lucas do Rio Verde (MT)", *Ciência & Saúde Coletiva*, v. 12, n. 1, p. 105-14, 2007.

44 Ada Cristina Pontes Aguiar, *Más-formações congênitas, puberdade precoce e agrotóxicos: uma herança maldita do agronegócio para a Chapada do Apodi (CE)*. Dissertação de mestrado. Fortaleza: Universidade Federal do Ceará, 2017.

45 Carlos Walter Porto-Gonçalves, *A globalização da natureza e a natureza da globalização*. Rio de Janeiro: Record, 2015.

46 "Origem são as armas químicas", *Folha de S. Paulo*, 13 nov. 1996. Disponível em: https://www1.folha.uol.com.br/fsp/1996/11/13/agrofolha/8.html; Flávia Londres, *Agrotóxicos no Brasil: um guia para ação em defesa da vida*. Rio de Janeiro: Articulação Nacional de Agroecologia / Rede Brasileira de Justiça Ambiental, 2011.

47 Karl Marx, *O capital: crítica da economia política*, livro 1, *O pro-

cesso de produção do capital. Trad. Rubens Enderle. São Paulo: Boitempo, 2013, p. 788-804.

48 E. P. Thompson, *Tradición, revuelta y consciencia de clase*. Barcelona: Crítica, 1979; *A formação da classe operária na Inglaterra*, tomo 1, parte 5, "Plantando a árvore da liberdade". Rio de Janeiro: Paz e Terra, 1987; *Senhores e caçadores*. Rio de Janeiro: Paz e Terra, 1987; *Costumes em comum: estudos sobre a cultura popular tradicional*. São Paulo: Companhia das Letras, 1998.

49 Karl Marx, *O capital: crítica da economia política*, livro 1, *O processo de produção do capital*. Trad. Rubens Enderle. São Paulo: Boitempo, 2013, p. 799.

50 Teodor Shanin, *La clase incómoda: sociología política del campesinado en una sociedad en desarrollo (Rusia 1910-1925)*. Madri: Alianza Editorial, 1983; Aleksandr V. Chayanov, *La organización de la unidad económica campesina*. Buenos Aires: Nueva Visón, 1974; Vladimir I. Lenin, "A desintegração do campesinato". In: *O desenvolvimento do capitalismo na Rússia: o processo de formação do mercado interno para a grande indústria*. São Paulo: Abril Cultural, 1982 (Os Economistas); Rosa Luxemburgo, *A acumulação do capital*. Rio de Janeiro: Zahar, 1970; José de Souza Martins, *Capitalismo e tradicionalismo*. São Paulo: Pioneira, 1975; *Caminhada no chão da noite*. São Paulo: Hucitec, 1989; *Os camponeses e a política no Brasil*. 4 ed. Petrópolis: Vozes, 1990; *Expropriação e violência*. 3 ed. São Paulo: Hucitec, 1991; *A chegada do estranho*. São Paulo: Hucitec, 1993; *O poder do atraso*. São Paulo: Hucitec, 1994; *O cativeiro da terra*. 6 ed. São Paulo: Hucitec, 1996.

51 Ariovaldo Umbelino de Oliveira. *Modo capitalista de produção e agricultura*. São Paulo: Ática, 1990 (Princípios); *A agricultura camponesa no Brasil*. São Paulo: Contexto, 1991; "A mundialização do capital e a crise do neoliberalismo: o lugar mundial da agricultura brasileira", *Geousp: Espaço e Tempo*, v. 19, n. 2, p. 228-44, 2015.

52 Ver as obras já mencionadas de José de Souza Martins, Ariovaldo Umbelino de Oliveira e Teodor Shanin, e também José Vicente Tavares dos Santos, *Colonos do vinho*. São Paulo: Hucitec, 1978.

53 José de Souza Martins, *O cativeiro da terra*. 6 ed. São Paulo: Hucitec, 1996.

54 Larissa Mies Bombardi, *Campesinato, luta de classe e reforma agrária: a Lei de Revisão Agrária em São Paulo*. Tese de doutorado. São Paulo: Universidade de São Paulo, 2006.

55 Larissa Mies Bombardi, *Campesinato, luta de classe e reforma agrária: a Lei de Revisão Agrária em São Paulo*. Tese de doutorado. São Paulo: Universidade de São Paulo, 2006; Margarida Maria Moura, *Os herdeiros da terra*. São Paulo: Hucitec, 1978; *Camponeses*. São Paulo: Ática, 1986 (Princípios); *Os deserdados da terra*. Rio de Janeiro: Bertrand Brasil, 1988; Ellen F. Woortmann, *Herdeiros, parentes e compadres*. São Paulo/Brasília: Hucitec/Editora UnB, 1995; Ellen F. Woortmann & Klaas Woortmann, *O trabalho da terra*. Brasília: Editora UnB, 1997; Klaas Woortmann, "'Com parente não se neguceia': o campesinato como ordem moral", *Anuário Antropológico*, v. 12, n. 1, p. 11-73, 1988.

56 Teodor Shanin, *La clase incómoda: sociología política del campesinado en una sociedad en desarrollo (Rusia 1910-1925)*. Madri: Alianza Editorial, 1983.

57 Teodor Shanin, "El campesinado como factor político". *In: Campesinos y sociedades campesinas*. México: Fondo de Cultura Económica, 1979; "A definição de camponês: conceituações e desconceituações — o velho e o novo em uma discussão marxista", *Novos Estudos Cebrap*, n. 26, p. 43-80, 1980; *Cha-*

yanov e a questão do campesinato. Porto Alegre: Universidade Federal do Rio Grande do Sul, s.d. (mimeo.; transcrição: Leny Belon Ribeiro e Marcos A. G. Domingues); Ariovaldo Umbelino de Oliveira, "O campo brasileiro no final dos anos 80", *Boletim Paulista de Geografia*, n. 66, 1988; "Espaço e tempo, compreensão materialista dialética". *In*: Milton Santos (org.), *Novos rumos da geografia brasileira*. São Paulo: Hucitec, 1988, p. 66-110; *Modo capitalista de produção e agricultura*. São Paulo: Ática, 1990 (Princípios); *A agricultura camponesa no Brasil*. São Paulo: Contexto, 1991; "O marxismo, a questão agrária e os conflitos pela terra no Pontal do Paranapanema". *In*: Osvaldo Coggiola (org.), *Marx e Engels na História*. São Paulo: Humanitas, 1996; "A longa marcha do campesinato brasileiro: movimentos sociais, conflitos e reforma agrária", *Estudos Avançados*, v. 15, n. 43, 2001; *A geografia das lutas no campo: conflitos e violência, movimentos sociais e resistência, os "sem-terra" e o neoliberalismo*. São Paulo, Contexto, 2001; "O século XXI e os conflitos no campo: modernidade e barbárie", *Conflitos no Campo Brasil 2001*. Goiânia/São Paulo: Comissão Pastoral da Terra/Loyola, 2002; "A mundialização do capital e a crise do neoliberalismo: o lugar mundial da agricultura brasileira", *Geousp: Espaço e Tempo*, v. 19, n. 2, p. 228-44, 2015.

58   Ariovaldo Umbelino de Oliveira, "Agricultura e indústria no Brasil", *Boletim Paulista de Geografia*, n. 58, 1981.

59   Larissa Mies Bombardi, *A agricultura 4.0 no Brasil: alta tecnologia na agricultura não é sinônimo de alimentos para a população brasileira*. Rio de Janeiro: Fundação Heinrich Böll, 2022.

60   "Multinacionais são financiadoras ocultas da Frente Parlamentar da Agropecuária", *De Olho nos Ruralistas*, 21 maio 2019.

61   Larissa Mies Bombardi, *Geography of Asymmetry: The Vicious*

    Cycle of Pesticides and Colonialism in the Commercial Relationship between Mercosur and the European Union. Bruxelas: The Left in the European Parliament, 2021.

62   *Idem.*

63   Marcelo Carneiro Novaes & Thomaz Ferreira Jensen, "Agrotóxicos, capital financeiro e isenções tributárias". *In*: Daniela Stefano & Maria Luísa Mendonça (org.), *Direitos Humanos no Brasil: Relatório da Rede Social de Justiça e Direitos Humanos*. São Paulo: Outras Expressões, 2020, p. 61-71.

64   Ariovaldo Umbelino de Oliveira, *Modo capitalista de produção, agricultura e reforma agrária*. São Paulo: Faculdade de Filosofia, Letras e Ciências Humanas, 2007.

65   José de Souza Martins, *O cativeiro da terra*. São Paulo: Contexto, 1989.

66   Rosa Luxemburgo, *A acumulação do capital*. São Paulo: Nova Cultural, 1985.

67   Teodor Shanin, La clase incómoda: sociología política del campesinado en una sociedad en desarrollo (Rusia 1910-1925). Madri: Alianza Editorial, 1983.

68   José de Souza Martins, *Expropriação e violência: a questão política no campo*. São Paulo: Hucitec, 1982.

69   Larissa Mies Bombardi, *A Geography of Agrotoxins Use in Brazil and its Relations to the European Union*. São Paulo: Faculdade de Filosofia, Letras e Ciências Humanas, 2019.

70   Victor Pelaez *et al.*, "Monitoramento do mercado de agrotóxicos", Universidade Federal do Paraná, 2010.

71   Karl Marx. *O capital: crítica da economia política*, livro 1, *O processo de produção do capital*. Trad. Rubens Enderle. São Paulo: Boitempo, 2013, p. 804.

72   "E. U. Exporting over 10,000 Tonnes of Banned Bee-Killing Pesticides a Year, Investigation Finds", *Public Eye*, 17 maio 2023.

73 "Contaminação recorde por agrotóxicos no Paraná atinge mais de 50 crianças", *Agência Pública*, 11 dez. 2018.

74 "Um dia, 47 intoxicados: cidade goiana sente na pele o avanço da soja e do veneno", *Brasil de Fato*, 11 maio 2021.

75 "Pulverização aérea de agrotóxico pode causar doenças e até matar, dizem debatedores", *Senado Notícias*, 15 maio 2023; "Comunidades indígenas sofrem com contaminação por agrotóxicos", Fundação Heinrich Böll, 13 jun. 2023; "Indígenas vítimas de 'chuva de agrotóxico' recebem indenização de R$ 150 mil", *Brasil de Fato*, 23 jan. 2020.

76 Conselho Indigenista Missionário, *Violência contra povos indígenas no Brasil: dados de 2022*. Brasília: Cimi, 2023, p. 8-9.

77 Gustavo Prieto, *Rentismo à brasileira, uma via de desenvolvimento capitalista: grilagem, produção do capital e formação da propriedade privada da terra*. Tese de doutorado. São Paulo: Universidade de São Paulo, 2016.

78 *Idem.*

79 "*Atlas do espaço rural* retrata diversidade e desigualdade do campo brasileiro", *Agência IBGE Notícias*, 15 dez. 2020.

80 Arivaldo Umbelino de Oliveira, "A longa marcha do campesinato brasileiro: movimentos sociais, conflitos e reforma agrária", *Estudos Avançados*, v. 15, n. 3, 2001; *Modo capitalista de produção, agricultura e reforma agrária*. São Paulo: Faculdade de Filosofia, Letras e Ciências Humanas, 2007.

81 Arivaldo Umbelino de Oliveira, "A longa marcha do campesinato brasileiro: movimentos sociais, conflitos e reforma agrária", *Estudos Avançados*, v. 15, n. 3, 2001; *Modo capitalista de produção, agricultura e reforma agrária*. São Paulo: Faculdade de Filosofia, Letras e Ciências Humanas, 2007; José de Souza Martins, *O cativeiro da terra*. São Paulo: Contexto, 1989.

82 Larissa Mies Bombardi, *A agricultura 4.0 no Brasil: alta tecnologia na agricultura não é sinônimo de alimentos para a população brasileira*. Rio de Janeiro: Fundação Heinrich Böll, 2022.

83 Rosa Luxemburgo, *A acumulação do capital*. São Paulo: Nova Cultural, 1985.

84 Destaca-se o recente caso — absolutamente violento — do assassinato da liderança quilombola Bernadete Pacífico, de 72 anos, alvejada no rosto com doze tiros. Ver "Assassinada a tiros dentro de quilombo na Bahia: o que se sabe sobre o homicídio de Mãe Bernadete", *G1*, 19 ago. 2023.

85 "Pan International Consolidated List of Banned Pesticides", Pesticide Action Network, maio 2022.

86 Larissa Mies Bombardi, *Geography of Asymmetry: The Vicious Cycle of Pesticides and Colonialism in the Commercial Relationship between Mercosur and the European Union*. Bruxelas: The Left in the European Parliament, 2021.

87 Trade Map, "Liste des exportateurs pour le produit sélectionné: (3808) Insecticides, antirongeurs, fongicides, herbicides, inhibiteurs de germination et régulateurs de croissance pour plantes, désinfectants et produits simil., présentés dans des formes ou emballages de vente au détail ou à l'état de préparations ou sous forme d'articles tels que rubans, mèches et bougies soufrés et papier tue-mouches", s.d. Disponível em: https://www.trademap.org/Country_SelProduct_TS.aspx?.

88 *Idem.*

89 EUR-Lex, "Regulation (EC) n. 1107/2009 of the European Parliament and of the Council of 21 October 2009 Concerning the Placing of Plant Protection Products on the Market and Repealing Council Directives 79/117/EEC and 91/414/EEC". Disponível em: https://eur-lex.europa.eu/eli/reg/2009/1107/oj/eng.

90 *Idem.*

91 EUR-Lex, "Regulation (eu) n. 649/2012 of the European Parliament and of the Council of 4 July 2012 Concerning the Export and Import of Hazardous Chemicals (Recast) Text with eea Relevance". Disponível em: https://eur-lex.europa.eu/legal-content/EN/ALL/?uri=CELEX%3A32012R0649.

92 "Belgium Officially Ends Export of Banned Pesticides", *The Brussels Times*, 23 jun. 2023.

93 "Banned in Europe: How the E. U. Exports Pesticides Too Dangerous for Use in Europe", *Public Eye*, 10 set. 2020.

94 "Os 10 ingredientes ativos mais vendidos — 2020", Ibama, 14 jun. 2021. Disponível em: http://www.ibama.gov.br/phocadownload/qualidadeambiental/relatorios/2020/Os_10_IAs_vendidos_2020.xls.

95 Sonia Corina Hess *et al.*, "Agrotóxicos: críticas à regulação que permite o envenenamento do país", *Desenvolvimento e Meio Ambiente*, v. 57, p. 106-34, jun. 2021.

96 "Mancozeb", PPDB: Pesticide Properties DataBase, s.d. Disponível em: https://sitem.herts.ac.uk/aeru/ppdb/en/Reports/424.htm.

97 "Um quinto da reserva de água potável no planeta está na Amazônia", *Tilt UOL*, 1º jun. 2011.

98 "Tebuconazole (Ref: HWC 1608)", PPDB: Pesticide Properties DataBase, s.d. Disponível em: https://sitem.herts.ac.uk/aeru/ppdb/en/Reports/610.htm.

99 "Tebuconazol", Monografias de agrotóxicos, Anvisa, s.d. Disponível em: https://www.gov.br/anvisa/pt-br/setorregulado/regularizacao/agrotoxicos/monografias/monografias-autorizadas/t/4538json-file-1.

100 *Idem.*

101 As aspas aqui são intencionais, pois obviamente nenhum ser humano deveria ser exposto à ingestão de tais substâncias.

102 "Iprodione (Ref: ROP 500F)", PPDB: Pesticide Properties DataBase, s.d. Disponível em: https://sitem.herts.ac.uk/aeru/ppdb/en/Reports/403.htm.

103 "Iprodione", United States Environmental Protection Agency (EPA) Red Facts, nov. 1998. Disponível em: https://www3.epa.gov/pesticides/chem_search/reg_actions/reregistration/fs_PC-109801_1-Nov-98.pdf.

104 "Iarc Monograph on Glyphosate", International Agency for Research on Cancer, s.d. Disponível em: https://www.iarc.who.int/featured-news/media-centre-iarc-news-glyphosate/.

105 Carmen Costas-Ferreira, Rafael Durán & Lilian R. F. Faro, "Toxic Effects of Glyphosate on the Nervous System: A Systematic Review", *International Journal of Molecular Science*, 21 abr. 2022.

106 Sonia Corina Hess (org.), *Ensaios sobre poluição e doenças no Brasil*. São Paulo: Outras Expressões, 2018; Sonia Corina Hess, Rubens Onofre Nodari & Monica Lopes-Ferreira, "Agrotóxicos: críticas à regulação que permite o envenenamento do país", *Desenvolvimento e Meio Ambiente*, v. 57, p. 106-34, jun. 2021.

107 Sara Mostafalou & Mohammad Abdollahi, "Pesticides: An Update of Human Exposure and Toxicity", *Archives of Toxicology*, v. 91, n. 2, p. 549-99, 2017.

108 Ondine S. von Ehrenstein *et al.*, "*In Utero* and Early-Life Exposure to Ambient Pesticides and Autism Spectrum Disorder in Children: Population-Based Case-Control Study in California, USA", *Environmental Health Perspectives*, v. 124, n. 7, 2016.

109 Sonia Corina Hess & Rubens Onofre Nodari, "Glifosato, o maior dos venenos". *In:* Sonia Corina Hess (org.). *Ensaios sobre poluição e doenças no Brasil*. São Paulo: Outras Expressões, 2018, p. 151-63.

110 Emma Siliprandi, *Mulheres e agroecologia: transformando o campo, as florestas e as pessoas*. Rio de Janeiro: Editora UFRJ, 2015.

111 "Histórias sobre mulheres e agroecologia", Articulação Nacional de Agroecologia, 27 jan. 2022.

112 "Apresentação do Projeto GENgiBRe", Instituto Francês de Pesquisa para o Desenvolvimento, 12 jul. 2021.

113 "As mulheres e a agroecologia", MST, 8 out. 2021; "Marcha Mundial das Mulheres rumo à Marcha das Margaridas 2023", Sempreviva Oganização Feminista, 22 jun. 2023.

114 Marcha das Margaridas, disponível em: www.marchadas margaridas.org.br.

115 "Esquerda urbana não entende porque o MST é o movimento social mais importante do mundo", *Carta Campinas*, 16 jul. 2019.

116 "As mulheres e a agroecologia", MST, 8 out. 2021.

117 Larissa Mies Bombardi, *Geography of Asymmetry: The Vicious Cycle of Pesticides and Colonialism in the Commercial Relationship between Mercosur and the European Union*. Bruxelas: The Left in the European Parliament, 2021; Bela Gil, *Quem vai fazer essa comida? Mulheres, trabalho doméstico e alimentação saudável*. São Paulo: Elefante, 2023.

118 Entre outras obras e referências, ver Isabelle Hillenkamp *et al.*, "Guia metodológico — Projeto GENgiBRe", 16 jan. 2023. Disponível em: https://hal.ird.fr/ird-03940375v1/ file/2022-11-17-Guia-metodologico-completo-final--1.pdf; "Mulheres construindo a agroecologia", *Agriculturas: Expe-

riências em Agroecologia, v. 6, n. 4, dez. 2009. Disponível em: https://aspta.org.br/files/2011/05/Agriculturas_v6n4.pdf; Maria do Socorro Barros Pereira & Cícero Nilton Moreira da Silva, "Mulheres camponesas e a agroecologia: uma revisão sistemática da literatura", *Revista Okara*, v. 16, n. 2, p. 369-82, 2021; Ana Carolina Rodríguez Ibarra, Adolfo Pizzinato & Manoela Ziebell de Oliveira, "Mulheres agricultoras do Rio Grande do Sul: suas trajetórias no contexto da produção agroecológica", *Psicologia & Sociedade*, v. 35, 2023; Renata Reis, "Agroecologia e feminismo: aprendizados dos processos de formação política", Sempreviva Organização Feminista, 26 jul. 2019; Jéssica Pires, Natália Lobo, Miriam Nobre & Paula Daniel Fogaça, "Parque Estadual Turístico do Alto Ribeira: luta contra a privatização é uma luta das mulheres", Sempreviva Organização Feminista, 29 mar. 2022.

LARISSA MIES BOMBARDI é professora do Departamento de Geografia da Universidade de São Paulo (USP). Atualmente, vive na Europa e desenvolve pesquisas no Institut de recherche pour le développement (IRD), em Paris, França, sob o Programme national d'accueil en urgence des scientifiques et des artistes en exil (Pause). É especialista no tema do uso de agrotóxicos, com dezenas de palestras, artigos e entrevistas publicadas em periódicos e meios de comunicação brasileiros e internacionais. É autora dos atlas *A Geography of Agrotoxins Use in Brazil and its Relations to the European Union* [Uma geografia do uso de agrotóxicos no Brasil e suas relações com a União Europeia] (2019) e *Geography of Asymmetry: The Vicious Cycle of Pesticides and Colonialism in the Commercial Relationship between Mercosur and the European Union* [Geografia da assimetria: o ciclo vicioso de pesticidas e colonialismo na relação comercial entre Mercosul e União Europeia] (2021). É integrante do Fórum Nacional de Combate aos Impactos dos Agrotóxicos, no Brasil, membro da organização internacional Justice Pesticide e pesquisadora convidada do Helmholtz-Centre for Environmental Research (UFZ) em Leipzig, Alemanha.

O conjunto cartográfico completo que acompanha este livro pode ser acessado em: https://editoraelefante.com.br/agrotoxicos-e-colonialismo-quimico-conjunto-cartografico-completo/

A produção e a publicação deste
livro contaram com o apoio de

[cc] Elefante, 2023

Esta obra pode ser livremente compartilhada, copiada, distribuída e transmitida, desde que as autorias sejam citadas e não se faça uso comercial ou institucional não autorizado de seu conteúdo.

Primeira edição, outubro de 2023
Primeira reimpressão, agosto de 2024
São Paulo, Brasil

Dados Internacionais de Catalogação na Publicação (CIP)
Angélica Ilacqua CRB-8/7057

Bombardi, Larissa Mies
Agrotóxicos e colonialismo químico / Larissa Mies
    Bombardi. — São Paulo: Elefante, 2023.
    108 p.

Bibliografia
ISBN 978-65-6008-022-5

1. Produtos químicos agrícolas – Aspectos sociais I. Título

23-5456   CDD 632.95

Índice para catálogo sistemático:
1. Produtos químicos agrícolas – Aspectos sociais

---

elefante

editoraelefante.com.br   Aline Tieme [comercial]
contato@editoraelefante.com.br Samanta Marinho [financeiro]
fb/editoraelefante   Yana Parente [design]
@editoraelefante   Beatriz Macruz [redes]

FONTES Eight, Aeonik & Lyon Text
PAPÉIS Cartão 250 g/m^2 & Pólen Bold 90 g/m^2
IMPRESSÃO BMF Gráfica